MARCHA CRIANÇA

4º ANO

ENSINO FUNDAMENTAL

LÍNGUA ESPANHOLA

CB011601

Mirtha Daisy Debia Bustos

Natural do Uruguai, é bacharela licenciada em Letras – Português e Espanhol. É também bacharela em Literatura Espanhola, Portuguesa e Hispano-americana. Em 2004, concluiu o Curso de Especialização e Extensão em Fonética, Fonologia e Morfologia pela Pontifícia Universidade Católica de São Paulo (PUC-SP). É professora de Língua Espanhola desde 1995. Atualmente leciona na Escola Santa Marina, em São Paulo (SP).

Tânia Moraes Gaspar

É bacharela e licenciada em Língua Portuguesa e Língua Inglesa, com curso de complementação pedagógica pelo Instituto Metodista de Ensino Superior. Fez estágio de observação em salas de aula com crianças de 4 a 10 anos em Londres, na Tassis School. Nessa mesma cidade, cursou a Saint George School.

editora scipione

editora scipione

Presidência: Mario Ghio Júnior

Direção editorial: Lidiane Vivaldini Olo

Gerência editorial: Viviane Carpegiani

Gestão de área: Tatiany Renó

Edição: Marina S. Lupinetti (coord.), Caroline Zanelli e
Marina Caldeira Antunes (assist.)

Planejamento e controle de produção: Flávio Matuguma,
Juliana Batista, Felipe Nogueira e Juliana Gonçalves

Revisão: Kátia Scaff Marques (coord.), Brenda T. M. Morais,
Claudia Virgilio, Daniela Lima, Malvina Tomáz e Ricardo Miyake

Arte: André Gomes Vitale (ger.), Catherine Saori Ishihara (coord.)
e Claudemir Camargo Barbosa (edição de arte)

Diagramação: Ponto Inicial Design Gráfico

Iconografia e tratamento de imagem: Denise Kremer e
Claudia Bertolazzi (coord.), Fernanda Gomes (pesquisa iconográfica) e
Fernanda Crevin (tratamento de imagens)

Licenciamento de conteúdos de terceiros: Roberta Bento (ger.),
Jenis Oh (coord.), Liliane Rodrigues, Flávia Zambon e
Raísa Maris Reina (analistas de licenciamento)

Ilustrações: Marcos de Mello (Aberturas de unidade) e Ilustra Cartoon

Design: Erik Taketa (coord.) e
Gustavo Vanini (proj. gráfico e capa)

Ilustração de capa: Estúdio Luminos

Todos os direitos reservados por Somos Sistemas de Ensino S.A.
Avenida Paulista, 901, 6º andar – Bela Vista
São Paulo – SP – CEP 01310-200
http://www.somoseducacao.com.br

Dados Internacionais de Catalogação na Publicação (CIP)

```
Bustos, Mirtha Daisy Debia
   Marcha Criança : Língua espanhola : 1º ao 5º ano /
Mirtha Daisy Debia Bustos, Tânia Moraes Gaspar. -- 3.
ed. -- São Paulo : Scipione, 2020.
   (Coleção Marcha Criança ; vol. 1 ao 5)

Bibliografia

1. Língua espanhola (Ensino fundamental) - Anos iniciais
I. Título II. Gaspar, Tânia Moraes III. Série
                                            CDD 372.6

20-1103
```

Angélica Ilacqua - Bibliotecária - CRB-8/7057

2023
Código da obra CL 745872
CAE 721120 (AL) / 721119 (PR)
ISBN 9788547402792 (AL)
ISBN 9788547402808 (PR)
3ª edição
6ª impressão

Impressão e acabamento EGB Editora Gráfica Bernardi Ltda

Uma publicação **SOMOS** EDUCAÇÃO

Marcos de Mello/Arquivo da editora

Com ilustrações de **Marcos de Mello**, seguem abaixo os créditos das fotos utilizadas nas aberturas de Unidade:

Unidade 1: Lojas: zhu difeng/Shutterstock, **Cavalo do carrossel:** thunder-st/Shutterstock, **Chão:** DifferR/Shutterstock, **Carrinhos:** Steve Photography/Shutterstock.

Unidade 2: Computador: Mosika/Shutterstock, **Mesa do computador:** Seyfettin Karagunduz/Shutterstock, **Cadeira do computador:** sonandonures/Shutterstock, **Paisagem:** Pefkos/Shutterstock, **Mesa das crianças:** sagir/Shutterstock, **Cadeira das crianças:** Kletr/Shutterstock, **Cavalete:** VTT Studio/Shutterstock, **Lousa:** liewluck/Shutterstock, **Sofá da menina:** Ayman alakhras/Shutterstock, **Sofá do menino:** ANTHONY PAZ/Shutterstock, **Lousa:** pandapaw/Shutterstock.

Unidade 3: Luminárias: New Africa/Shutterstock, **Porta:** eans/Shutterstock, **Panela:** Africa Studio/Shutterstock, **Pratos com comida:** Nitr/Shutterstock, **Panelas penduradas na cozinha:** thieury/Shutterstock, **Fogão:** Nerthuz/Shutterstock, **Frigideira com panqueca:** Melica/Shutterstock, **Máquina fotográfica:** 3DMI/Shutterstock, **Microfone:** New Africa/Shutterstock, **Violão:** Lipskiy/Shutterstock.

Unidade 4: Balões: KK Tan/Shutterstock, **Papel de parede:** redstone/Shutterstock, **Carteira com material escolar:** Ansis Klucis/Shutterstock, **Carteira:** Africa Studio/Shutterstock, **Lousa 1:** liewluck/Shutterstock, **Lousa 2:** pandapaw/Shutterstock, **Jarra:** Hortimages/Shutterstock, **Bolinhos:** AJCespedes/Shutterstock, **Sanduíches:** gowithstock/Shutterstock, **Caixa de som:** Ivan Bondarenko/Shutterstock, **Carteira:** Africa Studio/Shutterstock, **Carteira com livros:** Africa Studio/Shutterstock.

APRESENTAÇÃO

Esta coleção, agora reformulada com inúmeras novidades, foi especialmente desenvolvida pensando em você, aluno dos Anos Iniciais do Ensino Fundamental, pois sabemos dos seus anseios, suas curiosidades, seu dinamismo e sua necessidade de descobrir novos horizontes.

Cada volume vai ajudá-lo a adquirir o conhecimento sobre a Língua Espanhola e a cultura de seus falantes, além de trazer peculiaridades e curiosidades, seja desenhando, pintando, brincando, cantando, escutando, escrevendo e falando, seja interagindo com o vocabulário e as estruturas apresentadas de modo divertido e prazeroso!

Pronto? Então prepare-se para viajar nesse universo e... boa marcha rumo ao conhecimento!

¡Bienvenido al mundo hispánico!

As autoras

Ilustra Cartoon/Arquivo da editora

ACÉRCATE A TU LIBRO

Veja a seguir como o seu livro está organizado.

UNIDAD

Seu livro está organizado em quatro unidades temáticas, com aberturas em páginas duplas. Cada unidade tem duas lições.

As aberturas de unidade são compostas dos seguintes boxes:

ENTRA EN ESTA RUEDA

Você e seus colegas terão a oportunidade de conversar sobre a cena apresentada e a respeito do que já sabem sobre o tema da unidade.

EN ESTA UNIDAD VAMOS A ESTUDIAR...

Você vai encontrar uma lista dos conteúdos que serão estudados na unidade.

¿CÓMO SE DICE?

Esta seção tem o propósito de fazer você observar e explorar a cena de abertura da lição, interagindo com ela. Permite também que você entre em contato com as estruturas e as palavras que serão trabalhadas, além de desenvolver suas habilidades auditiva e oral.

¿CÓMO SE ESCRIBE?

Esta seção traz atividades que vão possibilitar a você trabalhar com a escrita de palavras e de expressões novas.

¡AHORA LO SÉ!

Esta seção propõe diversas atividades que vão ajudar você a sistematizar os conhecimentos adquiridos.

GLOSARIO

Traz as principais palavras em espanhol apresentadas ao longo do volume, seguidas da tradução para o português.

¡AHORA A PRACTICAR!

Esta seção propõe atividades para reforçar o que foi estudado na lição. Você vai colocar em prática o que aprendeu nas seções anteriores.

EL TEMA ES...

Esta seção traz uma seleção de temas para você refletir, discutir e aprender mais, podendo atuar no seu dia a dia com mais consciência!

¡EN ACCIÓN!

Esta seção propõe atividades procedimentais, experiências ou vivências para você aprender na prática o conteúdo estudado.

⋛ Material complementar ⋚

CUADERNO DE CREATIVIDAD Y ALEGRÍA

Contém atividades lúdicas extras e peças de recorte ou destaque para que você aprenda enquanto se diverte e **adesivos** que serão utilizados ao longo do livro.

LIBRO DE LECTURA

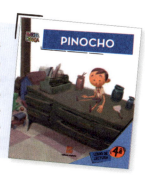

Apresenta um conto clássico reescrito em espanhol para que você seja inserido gradualmente no mundo maravilhoso da literatura!

REPASO

Esta seção, localizada ao final do livro, traz atividades de revisão para cada uma das lições.

⋛ Estes ícones ajudarão você a entender ⋚ o que fazer em cada atividade!

 Atividade em dupla

 Atividade em grupo

 Atividade oral

 Adesivos

 Desenhar

 Circular

 Colar

 Numerar

 Colorir

 Ligar os pontos

 Relacionar

 Áudio

SUMARIO

wavebreakmedia/Shutterstock

<Multiple grouped links>

wavebreakmedia/Shutterstock

BSIP/Keystone

1

¡ NOS DIVERTIMOS

⊱ Entra en esta rueda ⊰

- ¿Qué hacen esas personas?
- ¿Cómo crees que se sienten esas personas? ¿Por qué?
- ¿Ya fuiste a un lugar semejante? ¿Cómo te sentiste?

⊱ En esta Unidad vamos a estudiar ... ⊰

- El verbo **gustar** en presente de indicativo.
- Las horas.
- El vocabulario sobre el parque de atracciones.
- El vocabulario sobre el centro comercial.
- Los números cardinales desde el 20 hasta el 100.

EN EL PARQUE DE ATRACCIONES

¿Cómo se dice?

MAÑANA ES DOMINGO. ¿QUÉ QUIERES HACER, PEDRO?

ME GUSTARÍA IR AL PARQUE DE ATRACCIONES, PAPÁ.

¡HUM! ¿AL PARQUE DE ATRACCIONES? ESTÁ BIEN, HIJO. EL PARQUE ABRE A LAS DIEZ.

la noria

la montaña rusa

¡VAMOS A LA MONTAÑA RUSA, PAPÁ! ES MUY DIVERTIDO.

Para aprender un poco más...

Verbo **gustar** (singular/plural)			
A mí	me		
A ti/vos	te		
A él/ella/usted	le	gusta/gustan	el parque de atracciones./ los coches de choque.
A nosotros(as)	nos		
A vosotros(as)	os		
A ellos/ellas/ustedes	les		

los coches de choque

la caída libre

el teleférico

el tiovivo

el barco pirata

el *rafting*

Las horas

Pedro se despierta a las siete y media...

... y desayuna con su familia a las ocho.

A las nueve menos cuarto salen para ir al parque.

Llegan al parque a las diez en punto.

Almuerzan a la una.

Dejan el parque a las seis y cuarto.

¿Cómo se escribe?

1 Ordena las letras y relaciona.

r i n o a

....

Tan Kian Khoon/Shutterstock

e e f t i l r é o c

....

Darryl Brooks/Shutterstock

v t o i v o i

....

Philip Lange/Shutterstock

2 Escribe el nombre de tu atracción preferida en un parque y dibújala.

....

3 Mira los relojes y escribe la frase correspondiente.

> Son las tres.   Son las ocho y veinte.
>
> Son las cuatro y media.   Son las cinco y cuarto.
>
> Son las ocho menos cuarto.   Es mediodía.

a

....

b

....

c

....

d

....

e

....

f

....

1 Observa las figuras y completa las frases con el verbo **gustar**, en presente de indicativo, utilizando sus pronombres correspondientes.

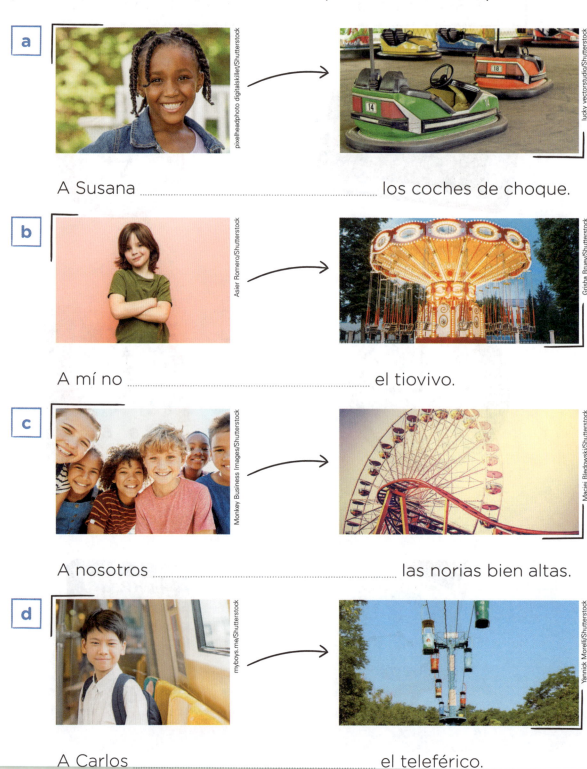

a A Susana .... los coches de choque.

b A mí no .... el tiovivo.

c A nosotros .... las norias bien altas.

d A Carlos .... el teleférico.

2 Observa los relojes y contesta: ¿qué hora es?

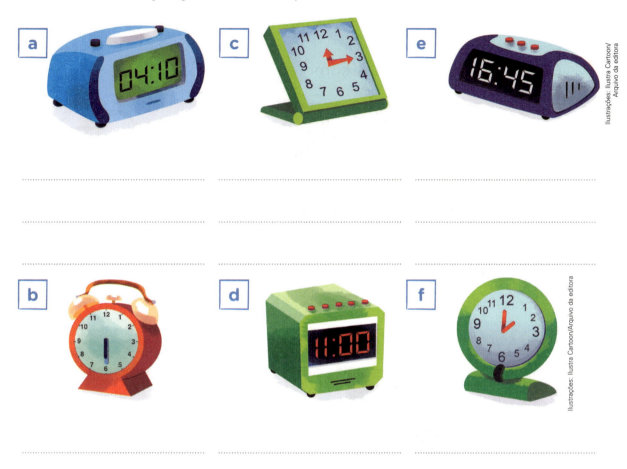

a

c

e

b

d

f

3 Lee las frases y dibuja las agujas en cada reloj.

a) Son las ocho menos cuarto. Voy a llegar retrasado a la escuela.

b) Son las seis y diez. Voy a la clase de natación.

¡Ahora a practicar!

1 Contesta a las preguntas como en el modelo.

a

¿Esto es una noria?

No, es un tiovivo.

c

¿Esto es un tiovivo?

b

¿Esto es un coche de choque?

d

¿Son las diez?

2 Escucha y practica el diálogo.

—¿Qué quieres hacer mañana?

—Quiero ir al parque de atracciones.

—¿A qué hora quieres ir?

—A las ocho y media.

—¿Qué atracción te gusta más?

—A mí me gusta más el teleférico. ¿Y a ti?

—Me gusta más la noria.

3 Escucha y señala la opción correcta en cada ítem.

¿Lo sabías?

La medición del tiempo existe desde que el ser humano diferenció el día de la noche. Por eso, durante mucho tiempo, el cielo y algunos recursos naturales eran utilizados para medir el tiempo.

El primer reloj que existió fue el reloj de sol, creado por los egipcios. Después fueron creados los relojes de água y de arena.

4 Lee y contesta.

¡QUÉ GUAY! PODEMOS PEDIRLE A PAPÁ QUE NOS LLEVE EL DOMINGO. ¿A CUÁL QUIERES IR PRIMERO?

QUIERO IR A LA CAÍDA LIBRE. ¡ME DA MUCHA ADRENALINA! ¿Y TÚ?

¿HUM, VOY A PENSAR!

Sendaviva, el parque de aventura y diversión para toda la familia ofrece a sus visitantes una combinación perfecta de entretenimiento, naturaleza y emoción.
Los sábados y los domingos, durante todo el día, el famoso parque de atracciones de nuestra ciudad estará abierto desde las 10 de la mañana hasta las 9:45 de la noche.
Casi doce horas de diversión garantizada por más de treinta atracciones pensadas para el público de todas las edades, pero principalmente para los niños.

Elaborado sobre la base de: <www.sendaviva.com>. Acceso en: 10 febr. 2020.

Ilustra Cartoon/Arquivo da editora

a) ¿Adónde quieren ir los niños?

....

b) ¿Qué días y en qué horario funcionará el parque?

....

....

c) ¿Cuántas atracciones hay en el parque?

....

d) ¿Por qué Miguel prefiere la caída libre?

....

e) ¿Qué dice la niña sobre la atracción que ella quiere ir?

5 Lee anuncio del Parque Zaragoza, en España. Después imagina un parque de atracciones tuyo y crea un anuncio para divulgarlo.

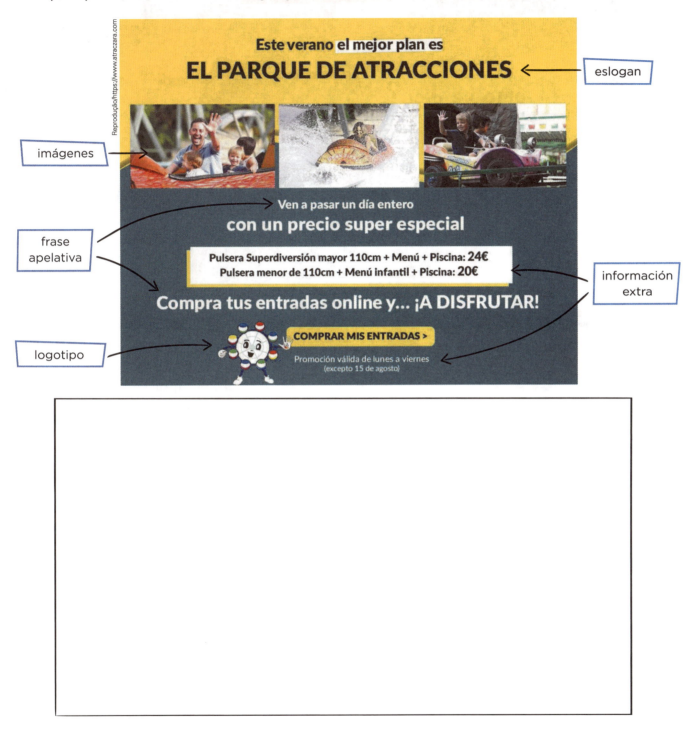

Este verano **el mejor plan es**

EL PARQUE DE ATRACCIONES ← eslogan

imágenes

Ven a pasar un día entero
con un precio super especial

frase apelativa

Pulsera Superdiversión mayor 110cm + Menú + Piscina: 24€
Pulsera menor de 110cm + Menú infantil + Piscina: 20€

información extra

Compra tus entradas online y... ¡A DISFRUTAR!

logotipo

COMPRAR MIS ENTRADAS >

Promoción válida de lunes a viernes
(excepto 15 de agosto)

6 Habla con tus compañeros.

a) ¿Qué tipos de anuncios sueles ver?

b) ¿Qué anuncios te llaman más la atención? ¿Por qué?

EN EL CENTRO COMERCIAL

¿Cómo se dice?

el ascensor

la escalera rodante

PELUQUERÍA

JUGUETERÍA

$17

la peluquería

la juguetería

MIRA, PEPE, ¡CUÁNTOS JUGUETES! QUIERO COMPRAR DOS PELOTAS Y UNA MUÑECA.

PODEMOS ENCONTRAR MUCHAS COSAS EN LAS TIENDAS. HOY COMPRO SOLO UN LIBRO Y UN CUADERNO, NADA MÁS.

Para aprender un poco más...

Los números			
20	veinte	27	veintisiete
21	veintiuno	28	veintiocho
22	veintidós	29	veintinueve
23	veintitrés	30	treinta
24	veinticuatro	31	treinta y uno
25	veinticinco	32	treinta y dos
26	veintiséis	33	treinta y tres

el cine
la heladería
la zapatería
la papelería
la hamburguesería
LIBRERÍA
la tienda de ropas
TIENDA DE ROPAS
FLORERÍA
la librería
la florería
CINE
HELADERÍA
ZAPATERÍA

$29
$60
$37

Los números			
34	treinta y cuatro	50	cincuenta
35	treinta y cinco	60	sesenta
36	treinta y seis	70	setenta
37	treinta y siete	80	ochenta
38	treinta y ocho	90	noventa
39	treinta y nueve	100	cien
40	cuarenta		

¿Cómo se escribe?

Ordena las letras y relaciona las palabras con las figuras.

l o f r e í a r

....

b r i l í e a r

....

g t u a j r e u í e

....

u q l u e p a e r í

....

p a t z a r e í a

....

Ilustrações: Ilustra Cartoon/Arquivo da editora

2 Observa las figuras y contesta a las preguntas.

¿Dónde está la familia?

....

....

....

¿Dónde están los chicos?

....

....

....

¿Dónde está la chica?

....

....

....

3 Investiga y contesta: ¿qué podemos comprar en estos lugares?

a) En la zapatería: ....

....

b) En la juguetería: ....

....

c) En la tienda de ropas: ....

....

1 Escucha el diálogo.

5

- Ahora contesta a las preguntas.

a) ¿Dónde podemos comprar un cuaderno?

....

b) ¿Qué saben los niños sobre el buen uso del dinero?

....

c) ¿Y tú, qué haces para economizar?

....

2 Observa las figuras y completa las frases con las palabras que faltan.

Las entradas del _____ cuestan _____ pesos para los dos.

Las _____ cuestan _____ pesos, y las compramos porque economizamos en el cine.

Esta _____ cuesta _____ pesos. Voy a seguir buscando otra más barata.

¡Ahora a practicar!

1 Lee el texto y contesta a las preguntas.

← → https://expedia.com/es/Centro-Costanera-Santiago.d6180676.Guia-Turistica

Costanera Center

Después de admirar las atracciones históricas y los parques de la ciudad de Santiago de Chile, aprovecha para conocer y hacer compras en el Costanera Center, el gran centro comercial chileno. Está ubicado en la Gran Torre Santiago, uno de los edificios más altos de Sudamérica. En los últimos pisos, hay un mirador con una linda visión de la Cordillera de los Andes.

Cada uno de los siete pisos comerciales cuenta con tiendas especializadas en un tema. Hay desde librerías hasta tiendas deportivas y de moda.

Si te da hambre, hay establecimientos de cadenas de comida asiática, buffet, carnes y sándwiches, entre otros. Hay opciones dulces en heladerías y cafeterías. La plaza también alberga un cine en la planta superior.

Adaptado de: <https://expedia.com/es/Centro-Costanera-Santiago.d6180676.Guia-Turistica>.
Acceso el: 10 febr. 2020.

a) ¿Qué lugar el texto describe?

....

b) ¿Dónde está ubicado?

....

....

c) ¿Cuántos pisos de tiendas hay en el Costanera Center?

2 Relaciona según el texto.

Costanera Center es...

... uno de los edificios más altos de Sudamérica.

Si te da hambre...

... hay tiendas con un tema especializado.

En cada piso...

... hay un cine.

En la planta superior...

... hay establecimientos de varios tipos de comida.

3 Señala lo que se puede ver desde el mirador del Costanera Center.

f11photo/Shutterstock

Junior Braz/Shutterstock

Gubin Yury/Shutterstock

☐ Cerro Santa Lucía, en Chile.

☐ Cordillera de los Andes, en Chile.

☐ Playa de Viña del Mar, en Chile.

4 Habla con tus compañeros.

a) ¿Crees que los centros comerciales son lugares divertidos? ¿Por qué?

b) A qué lugares sueles ir para divertirte?

5 Escucha y señala la opción correcta en cada ítem.

6

a

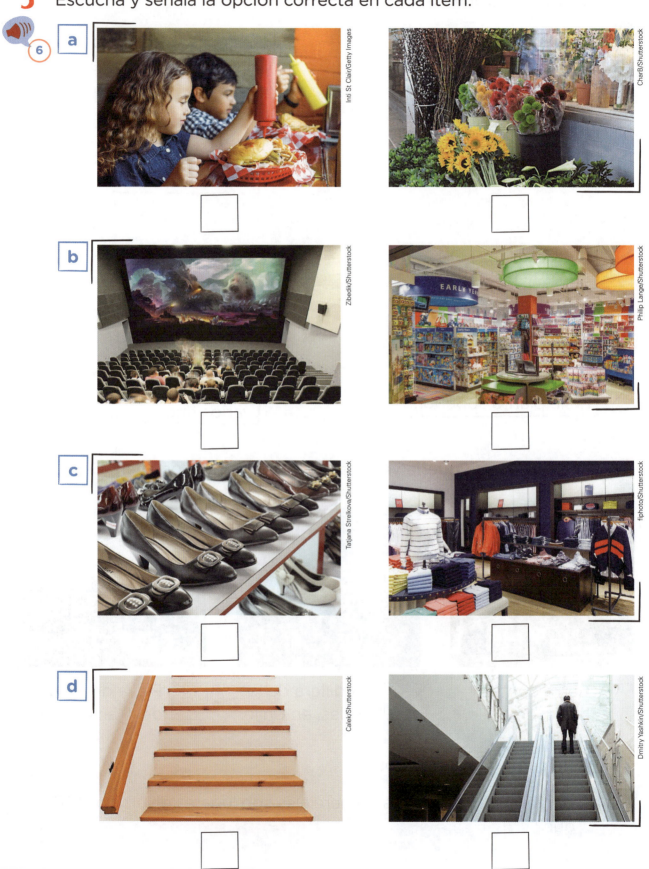

Inti St Clair/Getty Images

CharB/Shutterstock

b

Zibedik/Shutterstock

Philip Lange/Shutterstock

c

Tatjana Strelkova/Shutterstock

fiphoto/Shutterstock

d

Calek/Shutterstock

Dmitry Yashkin/Shutterstock

6 Completa los diálogos con los establecimientos comerciales.

a)

HUM…
ME GUSTARÍA COMER UNA HAMBURGUESA.

PUES, ¡VAMOS A LA
......................................!

CREATISTA/Shutterstock

b)

¡QUÉ CALOR! UN HELADO ME CAERÍA MUY BIEN.

¡BUENA IDEA!
¡VAMOS A LA
......................................!

Ilus Monkey Business Images/Shutterstock

c)

¡TIENES RAZÓN!
¡VAMOS A LA
......................................!

MIS ZAPATILLAS ESTÁN PEQUEÑAS, PAPÁ.

Odua Images/Shutterstock

d)

¿VISTE LA NUEVA PELÍCULA DEL REY LEÓN?

¡ME ENCANTA! ¡VAMOS AL
....
A VERLA!

kali9/E+/Getty Images

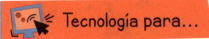 **Tecnología para…**

Descubrir el significado de las palabras

Cuando no sabemos el significado de una palabra o tenemos dudas acerca de como es utilizada, aparte del diccionario de papel, podemos consultar un diccionario online. Hay diversas opciones de diccionarios de español en internet que dejan las consultas aún más rápidas: es solo digitar la palabra para encontrar el artículo correspondiente.

La vida y el tiempo

En esta Unidad hemos aprendido a decir las horas y a interpretar el tiempo en diferentes tipos de reloj. Ahora, ¿qué tal si hablamos un poco sobre como el pasaje del tiempo marca la vida de las personas?

Desde que nacemos vamos midiendo nuestras actividades en segundos, minutos, días, meses, años. Así vamos registrando nuestra historia. A ese tiempo llamamos de tiempo cronológico.

Ilustra Cartoon/Arquivo da editora

Podemos saber del tiempo cronológico de nuestra familia a través del **árbol genealógico**.

Los bisabuelos y los abuelos son las personas de más edad de nuestra familia. Las personas de más edad guardan la memoria del tiempo que vivieron y pueden enseñarnos muchas cosas, además de descubrir novedades con los más jóvenes. Observa las imágenes.

Diego Cervo/Shutterstock

wavebreakmedia/Shutterstock

Monkey Business Images/Shutterstock

¿Sabías que las personas de edad son tan importantes que existe el Día Internacional de las Personas de Edad?

Ese día es conmemorado el 1 de octubre, que además de recordar los muchos derechos de las personas mayores, tiene el objetivo de sensibilizar a todos sobre el respeto y cuidado con todas esas personas. Algunos de sus derechos son: derecho al respeto, derecho a la salud y la alimentación, derecho a la cultura y al ocio, derecho a la vivienda y derecho al transporte.

Día Internacional de las Personas de Edad
1 de octubre

Ilustra Cartoon/Arquivo da editora

Ahora habla con los compañeros y el profesor.

1 ¿Hay personas de edad en tu família? ¿Quiénes son?

2 ¿Qué haces o te gustaría hacer junto a esas personas?

3 ¿Piensas que una persona de edad te puede enseñar cosas? ¿Por qué?

4 ¿Crees que todas las personas de edad son tratadas con cariño y respeto?

5 Cita un ejemplo de actitud que demuestre respeto y educación con una persona de edad.

2

COMUNICACIÓN Y ARTE

Entra en esta rueda

- ¿Qué hacen los niños en esta escena?

- ¿Qué utilizas para comunicarte con otras personas?

- ¿Qué tipos de arte conoces? ¿Cuál más te gusta?

En esta Unidad vamos a estudiar...

- Los medios de comunicación.

- Los adverbios de tiempo.

- Las expresiones artísticas.

- El verbo **tocar** en presente de indicativo.

¿CÓMO NOS COMUNICAMOS?

¿Cómo se dice?

- la carta
- el periódico
- la radio
- la internet
- el ordenador

Para aprender un poco más...

Los adverbios de tiempo

AYER, VIERNES, RECIBÍ UNA TARJETA POSTAL DE MI PRIMO LUIZ.

ayer

HOY, SÁBADO, VOY A VER UNA PELÍCULA EN LA TELE.

hoy

MAÑANA, DOMINGO, VOY A ENSEÑAR A LA ABUELA A USAR EL ORDENADOR.

mañana

Ilustrações: Ilustra Cartoon/Arquivo da editora

Los adverbios de tiempo

¿Cómo se escribe?

1 Utiliza las palabras del recuadro para completar las frases.

ayer	antes	hoy	ahora	mañana	después

a) .... terminé de leer un libro maravilloso.

b) .... practicaba natación todos los jueves, ... practico todos los lunes.

c) .... es mi primer día en la escuela nueva. Estoy muy ansiosa.

d) .... de ir al cine, voy a tomar un helado.

e) .... voy al teatro a ver un espectáculo de danza.

f) .... voy a enviar un mensaje a Manuel. Hace mucho tiempo que no chateamos.

2 Numera las figuras según el texto.

La rutina de Marina es muy tranquila.

Cuando llega de la escuela, ella almuerza y después hace las tareas.

A las cuatro de la tarde, va al parque con los amigos para divertirse.

A ella le gusta cenar con los padres y ver un poco de televisión.

Marina se acuesta siempre a las diez.

Ilustrações: Ilustra Cartoon/Arquivo da editora

3 Numera las figuras según el orden que escuchas. Después escribe el nombre del medio de comunicación.

a

d

____

....

____

....

b

e

El Periódico

____

....

____

....

c

f

____

....

____

....

1 Vamos a identificar la tarjeta postal.

🔴 Punta del Este – Uruguay

Andrés,

¡Punta del Este es
bellísima!
¡La comida es estupenda
y las personas, muy
simpáticas!
Te esperamos...
Besitos de tus hermanos,

Charo y Tana

Andrés Sánchez
Calle Miguel Molina, 3
Artigas – Uruguay

Nombre y dirección
del destinatario

5	5	0	0	1

2 Ahora, imagina que estás viajando por un lugar que te guste y escribe una tarjeta postal a un amigo. Luego, pega la imagen del lugar o dibújalo.

¡Ahora a practicar!

1 Escucha y señala.

a

Samuel Borges Photography/Shutterstock

Ndraka/Shutterstock

☐ ☐

c

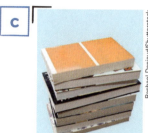

Raphael Daniaud/Shutterstock

maxp/Shutterstock; michaeljung/Shutterstock

☐ ☐

b

glo/Shutterstock

Zibedik/Shutterstock; NextMars/Shutterstock

☐ ☐

d

AVAVA/Shutterstock

Pablo H Caridad/Shutterstock

☐ ☐

¿Lo sabías?

D.Bond/Shutterstock

En Madrid, capital de España, hay un edificio muy famoso que se llama Palacio de Cibeles. En este lugar funcionó durante muchos años la Sociedad de Correos y Telégrafos de España. Todavía hoy se conservan los mostradores de mármol donde se atendía al público.

El Palacio de Cibeles, con 12.000 metros cuadrados y 70 metros de altura, llegó a ser el edificio de correos más grande del mundo. Hoy día funcionan ahí el Ayuntamiento de Madrid y también un espacio cultural que brinda una zona de descanso muy cómoda y con Internet gratuito y entrada libre a todos quienes pasean por la ciudad.

Disponible en: <https://madridsecreto.co/curiosidades-palacio-de-cibeles/>. Acceso el: 10 febr. 2020.

2 Observa las figuras y completa las frases adecuadamente.

a ¡HOLA! TRABAJO EN EL CORREO Y LLEVO LAS .... HASTA TU CASA.

c ME GUSTA LA .... PUES PUEDO VER MIS PROGRAMAS PREFERIDOS.

b GRACIAS A .... PUEDO CONVERSAR CON PERSONAS DE OTROS PAÍSES.

d PODEMOS SABER TODO LO QUE PASA EN NUESTRO PAÍS CUANDO LEEMOS EL ....

Ilustrações: Ilustra Cartoon/Arquivo da editora

3 Lee la historieta y después habla con tus compañeros: ¿Qué harían en el lugar de Fellini y Enriqueta?

© Liniers/Fotoarena

Macanudo 2, por Liniers. Buenos Aires: Ediciones de la Flor, 2005.

4 Lee el poema.

La computadora

Ayer la computadora
se escapó de la oficina.
Dicen que estaba muy rara
desde hacía varios días.

Se le perdían las palabras
y andaba muy distraída
con los cables despeinados
y las letras desprolijas.

Su único ojo lloraba
cuando nadie la veía.
Y sus teclas suspiraban
cada vez que la encendían.

Dibujaba corazones
en su pantalla aburrida
y una noche la encontraron
deshojando margaritas.

Pensaban que estaba enferma
con un virus complicado.
Pero también se sospecha
que se había enamorado.

Si los demás le pedían
que diera una explicación,
contestaba entre sollozos:
"Estoy triste punto com".

Hasta que hace una
semana, la vieron emocionada
mientras leía un e-mail
que al fin alguien le mandaba.

Y ayer, la computadora
guardó todos sus archivos
y con el enchufe al hombro
se fue silbando bajito.

El fax le envía mensajes.
El teléfono la llama.
Y la extraña la impresora
que se ha quedado callada.

Pero ahora será feliz
porque estará, a lo mejor,
escribiendo en internet
una página de amor.

20 poesías de amor y un cuento desesperado, de Liliana Cinetto.
Buenos Aires: Editorial Atlántida, 2015.

Ilustra Cartoon/Arquivo da editora

5 Contesta a las preguntas sobre el texto.

a) ¿Qué hizo la computadora de la oficina?

....

b) ¿Por qué decían que lloraba la computadora?

....

6 Completa las frases según el poema.

a) Las .... de la computadora suspiraban cuando la encendían.

b) En la .... , surgían dibujos de corazones.

c) La .... se escapó de la oficina después que leyó un ....

7 Señala los aparatos que perciben la ausencia de la computadora cuando esta se va.

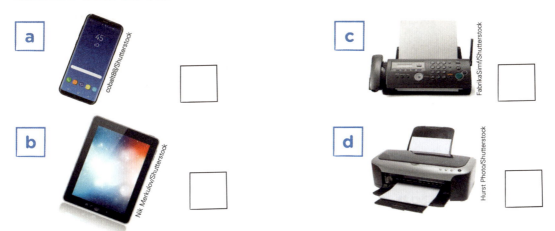

a cobalt88/Shutterstock

b Nik Merkulov/Shutterstock

c FabrikaSimf/Shutterstock

d Hurst Photo/Shutterstock

8 Responde oralmente con tus compañeros.

a) En el poema, la autora atribuye a la computadora algunos rasgos humanos. ¿Cuáles son?

b) ¿Qué crees que pasó a la computadora para que estuviera tan triste?

c) ¿Qué le habrá pasado a la computadora después que se fue de la oficina?

LAS ARTES

¿Cómo se dice?

- la orquesta
- el piano
- el cornetín
- el violín
- el saxofón
- la flauta
- el bandoneón

Para aprender un poco más...

Verbo **tocar**	
Yo	toco
Tú/Vos	tocas/tocás
Él/Ella/Usted	toca
Nosotros(as)	tocamos
Vosotros(as)	tocáis
Ellos/Ellas/Ustedes	tocan

¿Cómo se escribe?

1 Escribe la forma adecuada del verbo **tocar**.

a) Carlos y Pedro .... la guitarra.

b) Nosotros .... en el parque.

c) ¿Qué instrumentos .... vosotras?

d) Aquel joven .... muy bien el piano.

2 Contesta a las preguntas según el diálogo de la página anterior.

a) ¿Qué instrumento toca Marina?

....

b) ¿Cuál es el instrumento que le gusta a Raúl?

....

3 Marca **X** en la respuesta correcta.

a) ¿Qué instrumento toca el padre de Marina?

☐ El bombo.

☐ El violín.

☐ La zampoña.

b) Raúl toca:

☐ la zampoña.

☐ el saxofón.

☐ la guitarra.

4 Lee los textos.

Las familias instrumentales

Un instrumento musical es un objeto construido para emitir sonidos cuando manipulado por una persona. De ahí se producen las melodías.

Hay un gran número de instrumentos musicales, pero los principales se dividen en estas familias:

- **Familia de viento:** se llaman así porque el sonido que emiten es provocado por la vibración de aire en el tubo.

- **Familia de las cuerdas:** son los instrumentos que utilizan cuerdas para emitir los sonidos.

- **Familia de percusión:** son los instrumentos que se tocan golpeando sacudiendo.

Disponible en: <https://www.lifeder.com/familias-de-instrumentos/>.
Acceso el: 11 febr. 2020. (Texto adaptado).

El sonido de algunos instrumentos es muy común en la música folclórica de varios países. Así, en algunos casos ya podemos saber de dónde son cuando los escuchamos.

¿Vamos a ver algunos ejemplos?

● Las castañuelas son un instrumento de percusión y nos recuerdan la música flamenca, típica de España.

● El bandoneón es un instrumento de viento, su música recuerda Argentina.

Juan Aunion/Shutterstock

Diego Ivo Piacenza/Images Lover/AGEFotostock/
AGB Photo Library/Keystone

- Ahora completa las frases correctamente.

a) A los músicos .... les .... tocar el ....

b) Las .... forman parte de la cultura de España.

c) Y a ti, ¿qué instrumento te .... más?

d) A mí me .... más ....

1 Escucha y completa.

2 Escribe **V** (verdadero) o **F** (falso) en las afirmaciones. Después corrige las frases falsas.

a) ☐ Estoy muy ansioso por la presentación de teatro de hoy.

....

b) ☐ No me gusta la semana de moda que se realiza en el cole.

....

c) ☐ El espectáculo de danza fue horrible.

....

d) ☐ Mañana vamos a ver una película.

3 ¡Múltiples formas del arte! Pega en el espacio correcto los adhesivos que están en el **Cuaderno de creatividad y alegría**.

escultura	literatura	danza
teatro	fotografía	pintura
música	arquitectura	cine

¡Ahora a practicar!

1 Escucha, observa y relaciona.

a

Sergey Titov/Shutterstock

b

Veniamin Kraskov/Shutterstock

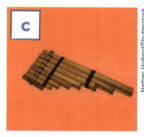
c

Nathan Holland/Shutterstock

d

Ferenc Szelepcsenyi/Shutterstock

☐ Permite recordar la música caribeña.

☐ Le gusta tocar zampoña.

☐ ¡Qué bonito toca la orquesta!

☐ Están presentes en la música española.

¿Lo sabías?

El flamenco

El flamenco es un arte andaluz que integra el baile, el cante y la música de guitarra. Conocido por su gran intensidad emocional, el flamenco se distingue por sus movimientos graciles de brazos, feroces zapateos, profundos lamentos y rasgueos de guitarra.

VDV/Shutterstock

Original de Andalucía, España, el flamenco es el resultado de un mestizaje cultural: gitano, árabe, cristiano y judío. Hoy en día el flamenco se aprecia y practica alrededor del mundo.

En 2010 la Unesco declaró el flamenco Patrimonio Cultural Inmaterial de la Humanidad.

Disponible en: <www.aboutespanol.com/que-es-el-flamenco-298103>. Acceso el: 11 febr. 2020.

2 Dibuja un instrumento musical que tocas o que te gustaría tocar y escribe su nombre.

....

3 Observa las imágenes y completa las frases.

Carmen lee todos los días en su tiempo libre. El arte que más le gusta es ....

A Miguel le encanta ir a museos a observar los cuadros. El arte que más le gusta es ....

Andrés y su papá siempre tocan el piano juntos. El arte que más les gusta es ....

Ana y sus amigos ven películas juntos y charlan sobre ellas. El arte que más les gusta es ....

4 Lee el texto.

João Carlos Martins, una historia de superación y amor por la música

João Carlos Martins es un pianista y maestro brasileño reconocido y admirado en todo el mundo. Nació en San Pablo y comenzó sus estudios a los 8 años cuando su padre le regaló un piano.

Todavía joven, el maestro perdió temporalmente el movimiento de su mano derecha, después de una caída en un partido de fútbol. Más tarde sufrió un síndrome causado por repetición de movimientos. [...]

Después de mucho esfuerzo, volvió a tocar y llegó a gravar un disco usando solamente su mano izquierda. Pero perdió sus movimientos de esta mano, también por problemas de salud, y tuvo que dejar de tocar el piano.

Fábio Guinalz/Folhapress

Su amor por la música transformó todo sufrimiento en oportunidad, y al otro día que su médico dijo que nunca más podría tocar el piano, se fue a estudiar dirección orquestal.

Hoy día João Carlos Martins es director de la Orquestra Filarmônica Bachiana Sesi-SP. Además, enseña música clásica a más de 4500 niños y jóvenes de todas las clases sociales, tocando tanto en las periferias como en los principales palcos de Brasil y del mundo.

Disponible en: <https://esbrasil.com.br/entrevista-com-o-maestro-joao-carlos-martins/> y <http://mba.americaeconomia.com/articulos/entrevistas/martins-la-razon-y-el-corazon-deben estar juntos al trazar objetivos>. Acceso el: 15 febr. 2020.

5 Contesta a las preguntas según el texto.

a) ¿Qué instrumento tocaba el maestro João Carlos Martins desde niño?

....

b) ¿Los problemas de salud lo hicieron desistir de la música?

....

c) ¿Qué actividad hoy día realiza el músico João Carlos Martins?

....

6 Lee este resumen del texto y completa los espacios con las expresiones de los recuadros.

problemas de salud	dirección orquestal
tocar un instrumento	clases sociales

João Carlos Martins tuvo algunos .... durante su vida, pero su amor por la música jamás dejó que desistiera de hacer lo que amaba. Cuando su médico dijo que no podía más .... , empezó a estudiar .... y hoy día realiza un lindo trabajo con niños de distintas ....

7 Responde oralmente con tus compañeros.

a) ¿Qué es lo que más te llamó la atención en la historia de João Carlos Martins?

b) ¿Ya escuchaste alguna historia semejante? ¿De quién?

c) ¿Crees que cuando tenemos fuerza de voluntad y amor por lo que hacemos podemos superar cualquier problema?

¡EN ACCIÓN!

Banda musical

En esta Unidad, conocimos los varios tipos de expresión artística y algunos instrumentos musicales. Ahora, ¿qué tal formar una banda musical con instrumentos musicales caseros y canciones en español?

Útiles para esta actividad

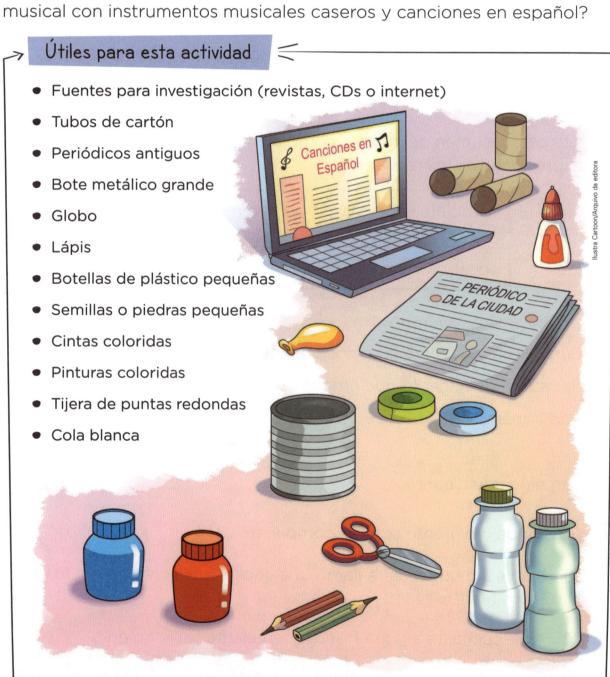

- Fuentes para investigación (revistas, CDs o internet)
- Tubos de cartón
- Periódicos antiguos
- Bote metálico grande
- Globo
- Lápis
- Botellas de plástico pequeñas
- Semillas o piedras pequeñas
- Cintas coloridas
- Pinturas coloridas
- Tijera de puntas redondas
- Cola blanca

Ilustra Cartoon/Arquivo da editora

Para hacer la actividad, sigue las etapas a continuación.

1 Reúnete con un grupo.

2 De común acuerdo, escojan un nombre para la banda musical y definan la función de cada uno de los integrantes.

3 Investiguen y elijan una canción en español para hacer parte del repertorio de la banda. Es importante que sea una canción que les guste a todos.

4 Aprendan la letra y el ritmo de la canción que eligieron. Cada uno de ustedes debe tener una copia de la letra y, si posible, escuchar a la canción varias veces.

5 Confeccionen en grupo los instrumentos musicales que necesitarán para presentarse, siguiendo las orientaciones del profesor.

6 Planeen una presentación de la banda, acordando con el profesor la fecha, el lugar y el horario en que va a ocurrir.

7 Entrenen la presentación, practicando la canción y lo que van a hacer delante del público (bailes, expresiones, etc.).

8 Ahora que ya tienen todo listo, hagan una presentación musical para los demás alumnos.

Ilustrações: Ilustra Cartoon/Arquivo da editora

UNIDAD 3

¿QUÉ SOY?
¿CÓMO SOY?

Entra en esta rueda

- ¿Dónde están esas personas y qué hacen?

- ¿Cómo crees que ellas se sienten?

- ¿Ya estuviste en un lugar parecido? ¿Cómo te sentiste?

En esta unidad vamos a estudiar...

- Las profesiones.

- Los artículos determinados **el/los, la/las**.

- El verbo **querer** en presente de indicativo.

- Los adjetivos: características físicas y estados de ánimo.

LAS PROFESIONES

¿Cómo se dice?

el conductor

la maestra

CLASE, QUIERO QUE CONOZCAN EL MALBA, MUSEO DE ARTE LATINOAMERICANO DE BUENOS AIRES.

¡QUÉ RICO! ¡VAMOS A VER EL **ABAPORU**!

la cantante

los músicos

el fotógrafo

los bailarines

la policía

Para aprender un poco más...

Los artículos determinados		
masculino	singular	**El** fotógrafo
masculino	plural	**Los** músicos
femenino	singular	**La** cantante
femenino	plural	**Las** profesiones

el basurero

el médico

el cartero

el camarero

el bombero

Verbo **querer**	
Yo	quiero
Tú/Vos	quieres/querés
Él/Ella/Usted	quiere
Nosotros(as)	queremos
Vosotros(as)	queréis
Ellos/Ellas/Ustedes	quieren

¿Cómo se escribe?

1 Observa las fotos y escribe la profesión. Usa los artículos del cuadro.

el	los	la	las

....

2 Completa el diálogo con el verbo **querer**.

3 Descubre cuáles son los profesionales y escribe.

a) Trabaja en el hospital y trata a los enfermos.

....

b) Trabaja en restaurantes sirviendo las mesas.

....

c) Hace fotos de diversos tipos y en varias ocasiones.

....

d) Recoge la basura y ayuda a mantener la ciudad limpia.

....

e) Trabaja en la escuela enseñando a los niños.

....

1 Combina una palabra de cada columna y forma frases.

Ellos	soy	médicos
Yo	quiere	estudiante
Vosotros	estamos	fotógrafa
Nosotros	eres	tranquilos
Tú	estáis	bien
Ella	son	pasear

....

....

....

....

....

....

2 Observa la imagen y contesta a la pregunta.

Ilustra Cartoon/Arquivo da editora

- ¿Qué profesiones ves en la imagen?

....

3 Mira las imágenes y contesta a las preguntas con las profesiones.

¿Qué hace ella?

¿Qué hace él?

¿Qué hacen ellos?

¿Qué hace él?

¿Qué hacen ellos?

¿Qué hace él?

Ilustrações: Ilustra Cartoon/Arquivo da editora

¡Ahora a practicar!

1 Practica el diálogo oralmente.

Alumno 1: —Hola, ¿cómo te llamas?

Alumno 2: —Hola, me llamo Luis. ¿Y tú?

Alumno 1: —Me llamo Rafaela. Mucho gusto.

Alumno 2: —Mucho gusto.

Alumno 1: —¿Cuál es tu profesión?

Alumno 2: —Soy médico. Y tú, ¿a qué te dedicas?

Alumno 1: —Soy cantante.

Alumno 2: —¿Y qué tipo de música cantas?

Alumno 1: —Canto música para niños.

2 Observa las imágenes y contesta a la pregunta: ¿Qué profesionales usan esos materiales?

a) un estetoscopio

New Africa/Shutterstock

c) un micrófono

Bohbeh/Shutterstock

b) una pizarra

Patila/Shutterstock

d) un casco rojo

Dan Kosmayer/Shutterstock

3 Escucha y señala.

a

☐ ☐

b

☐ ☐

 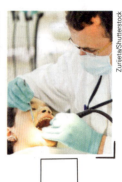

c

☐ ☐

d

☐ ☐

¿Lo sabías?

Existen varias palabras en español para referirse a la profesión de quien se dedica a atender las mesas en un restaurante. Esas palabras varían según el país o región de habla hispana. Mira la tabla:

En...	Se dice...
España	camarero(a)
Bolivia, Colombia, Costa Rica, Ecuador, El Salvador, Guatemala, México, República Dominicana	mesero(a)
Argentina, Uruguay	mozo(a)
Chile	garzón(a)
Venezuela	mesonero(a)

4 Lee la historieta y marca la respuesta correcta.

Gaturro 6, de Nik. Buenos Aires: Ediciones de la Flor, 2005.

a) Ese texto es...

☐ ... una historieta.   ☐ ... un cuento.

b) ¿Cómo es la interacción entre los personajes?

☐ El gato y la madre están hablando.

☐ El gato está pensando y la madre está hablando.

c) ¿Cómo se siente el gato?

☐ Feliz porque su mamá lo cuida.

☐ Asustado porque nota que su mamá hace muchas cosas a la vez.

d) ¿Qué concluye el gato sobre ser madre?

☐ Que exige muchas habilidades diferentes.

☐ Que es una tarea fácil y simple.

5 Escribe las profesiones de la historieta debajo de las imágenes correspondientes.

ASÍ SOMOS

¿Cómo se dice?

MI MAESTRA ES URUGUAYA, SE LLAMA MERCEDES. ELLA ES BAJITA, TIENE EL PELO NEGRO Y LISO. AH, ELLA TAMBIÉN LLEVA GAFAS.

¿MUÉSTRAME QUIÉN ES TU MAESTRA, CARIÑO?

Para aprender un poco más...

Adjetivos			
espantado	aburrido	sorprendida	molesto
feliz	tímida	enamorado	ansiosa

Ilustrações: Ilustra Cartoon/Arquivo da editora

Adjetivos			
Ojos	Pelo	Tez	Físico
verdes azules marrones negros	calvo corto largo liso rizado rubio pelirrojo castaño negro entrecano	morena blanca negra	alto bajo gordo delgado joven mayor con barba con bigote

¿Cómo se escribe?

1 Observa las figuras y descríbelas según el modelo.

a

ME LLAMO MARCOS. TENGO 10 AÑOS, MI ALTURA ES 1,56 M. NACÍ EN PARAGUAY.

Marcos es alto, delgado, tiene el pelo corto, liso y negro y los ojos verdes. Es paraguayo.

b

ME LLAMO MARTA, TENGO 42 AÑOS, MI ALTURA ES 1,60 M. NACÍ EN BRASIL.

c

ME LLAMO ÁNGELO, TENGO 65 AÑOS, MI ALTURA ES 1,90 M. NACÍ EN ARGENTINA.

2 Tú eres el detective. Descubre el mensaje secreto.

- Ahora lee el texto.

Día Mundial de la Diversidad Cultural para el Diálogo y el Desarrollo – 21 de mayo

Este día nos brinda la oportunidad de valorar la diversidad cultural y de aprender a "convivir" de una mejor manera.

Las culturas engloban las artes y las letras, así como los modos de vida, las tradiciones y las creencias.

Respetar la diversidad cultural implica aceptar las diferencias y darles voz a otras experiencias sociales y culturales, tan importantes como la nuestra. Cuando aprendemos más de la cultura del otro, aprendemos más sobre nuestra propia cultura.

Ilustrações: Banco de imagens/Arquivo da editora

1 Practica oralmente.

2 Describe a tu mejor amigo o amiga del aula.

Mi mejor amigo(a) del aula se llama ....

y es .... y .... Tiene el pelo

.... , ... y ....

Sus ojos son ....

Además es muy ....

3 Relaciona las frases con las figuras.

a) Es mayor, tiene el pelo corto, entrecano y rizado y los ojos negros. Es una persona muy inteligente.

b) Es blanca, tiene el pelo corto, rubio y liso y los ojos azules. Es una persona simpática.

c) Es negro, tiene los ojos negros y el pelo corto. Es una persona alegre y risueña.

d) Es joven, tiene el pelo largo y rizado y los ojos castaños. Es una persona seria y tímida.

¡Ahora a practicar!

1 Escucha y señala las respuestas correctas.

(17)

a) ☐ Tatiana tiene el pelo largo y castaño.

☐ Tatiana tiene el pelo corto y negro.

b) ☐ Patricia es alta y tiene el pelo corto y rubio.

☐ Patricia es bajita, gordita y tiene el pelo largo.

c) ☐ Margarida es gordita, alta y tiene el pelo rizado.

☐ Margarida es gordita, bajita y tiene el pelo negro.

d) ☐ Ana es guapa e inteligente.

☐ Ana es alegre y divertida.

e) ☐ Carlos tiene dieciocho años y es un tipo estupendo.

☐ Carlos tiene cuarenta años y siempre está molesto.

f) ☐ Mi hermano tiene los ojos marrones.

☐ Mi hermano tiene los ojos negros.

 Tecnología para...

Escuchar la pronunciación

Existen herramientas online que permiten escuchar la pronunciación de palabras y frases en español. Algunas son verdaderos diccionarios de pronunciación y poseen audios de personas hispanohablantes de varios países, lo que posibilita conocer diferentes modos de hablar.

Para encontrar el audio de una palabra, es solo acceder al sitio o aplicación y digitarla en la caja de búsqueda.

2 Observa las imágenes y relaciónalas con las frases siguientes.

☐ Me llamo Catarina, tengo 15 años, soy mexicana. Me gusta bailar y tocar la flauta.

☐ Me llamo Lourdes, tengo 70 años, soy venezolana. Me gusta escuchar música y tocar el piano.

☐ Me llamo Adriano, tengo 25 años, soy español. Me gusta viajar y tocar la guitarra.

☐ Me llamo Luis, tengo 12 años, soy peruano. Me gusta leer y tocar la guitarra eléctrica.

3 Lee el texto y completa las frases.

[...]

Y llegó el gran momento. Todos los alumnos estaban callados como tumbas; y yo me levanté y comencé a andar por el pasillo, entre las mesas.

[...] Como pude, sin que apenas me saliera la voz del cuerpo, empecé a hablar:

> Nos ponemos rojos porque los capilares, que son las tuberías por las que circula la sangre por nuestro cuerpo, se encogen y, entonces, la sangre circula mucho más deprisa, con más presión. Es como si cambias una manguera ancha por una estrecha para regar el jardín.
> [...]
> Los tímidos nos ponemos rojos cuando nos miran los demás; porque nos da miedo que piensen mal de nosotros: que nos encuentren feos, aburridos, poco inteligentes… También nos preocupa mucho que vean que nos ponemos colorados. Por eso, nos ponemos rojos porque tenemos miedo a ponernos rojos; ¡qué lío!, ¿no? [...]

Mi conferencia acabó con un aplauso que me hizo volver a mi sitio dando saltos de alegría. Había conseguido hablar delante de un montón de gente sin estar todo el rato colorada, ¡bravo!

[...]

¿Por qué enrojecemos como tomates?, de Carmen Gil e Ana Campos.
Barcelona (España): Paramón Ediciones S.A., 2004, p. 21, 22, 25 y 30.

a) La niña estaba en la escuela y tenía que ....

delante de los ....

b) Según la niña, los .... tienen

.... cuando los miran.

c) Su .... fue un éxito y terminó con un

....

d) Al final la niña sentía .... porque no se había

puesto .... todo el tiempo.

4 Marca la respuesta correctas según el texto.

a) ¿Con qué objeto la niña compara las tuberías por donde circula la sangre de nuestro cuerpo?

□   □

b) ¿De que color se pone la niña cuando se siente tímida?

□   □

c) ¿Con qué el título del libro compara el color que se ponen los tímidos?

□   □

5 Habla con tus compañeros.

a) ¿Hay algún sentimiento que te incomoda? ¿Por qué?

b) ¿Crees que sabes lidiar con tus sentimientos? ¿Por qué?

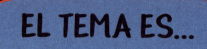
EL TEMA ES...

Cuidado con el entorno

En esta Unidad, has aprendido el nombre de algunas profesiones en español. ¿Qué tal ahora reflexionar acerca de los profesionales que hacen más agradables a los espacios públicos?

Nuestro entorno (barrio, ciudad, etc.) es compartido por diversas personas: niños, jóvenes, adultos y personas de edad. Por lo tanto, esos lugares necesitan cuidados.

Pero, ¿quiénes son los profesionales responsables por cuidarlos? ¿Qué hacen? ¿Vamos a conocer algunos de ellos?

Basureros

Son responsables por recoger la basura de las calles y plazas.

Artistas callejeros

Son los profesionales que entretienen las personas en las calles con diversos tipos de arte, como presentaciones musicales y de teatro.

Ilustrações: Ilustra Cartoon/Arquivo da editora

Jardineros

Son los profesionales encargados de cuidar los jardines públicos y privados.

El cuidado con los espacios públicos y colectivos es importante porque muchas actividades son realizadas en esos locales. Podemos, por ejemplo, caminar, hacer gimnasia, jugar, andar en bici, pasear con los perros, hacer picnic, etc.

Ilustra Cartoon/Arquivo da editora

Ahora habla con los compañeros y el profesor.

1 ¿Qué te gusta hacer en los espacios públicos como calles y plazas?

2 ¿Cuál es el espacio público que más te gusta y por qué?

3 ¿Conoces algún profesional que cuida el entorno de tu casa o escuela?

4 ¿Qué puedes hacer para colaborar con la preservación del entorno de tu casa o de tu escuela?

UNIDAD 4

¡ALEGRÍA, ALEGRÍA!

Entra en esta rueda

- ¿Qué pasa en la escena? ¿Qué hacen las personas?
- ¿Qué tipo de fiesta te gusta más?

En esta Unidad vamos a estudiar...

- La fiesta de cumpleaños.
- El verbo **tener** en presente de indicativo.
- Las fiestas de fin de año.
- Los posesivos en singular y plural.

Marcos de Mello/Arquivo da editora

¿Cómo se dice?

¡FELIZ CUMPLEAÑOS!

los globos

la piñata

los bocadillos

las golosinas

la tarta

las gaseosas

los dulces

el regalo

Para aprender un poco más...

MANUELA **TIENE** DIEZ AÑOS.

LUISA Y MIGUEL **TIENEN** NUEVE AÑOS.

YO **TENGO** NUEVE AÑOS Y CUMPLO DIEZ EN DICIEMBRE.

Verbo **tener**	
Yo	tengo
Tú/Vos	tienes/tenés
Él/Ella/Usted	tiene
Nosotros(as)	tenemos
Vosotros(as)	tenéis
Ellos/Ellas/Ustedes	tienen

¿Cómo se escribe?

1 Relaciona las columnas y descubre las frases.

a) ¡Qué ⬜ en julio.

b) Tengo ⬜ de cumpleaños.

c) Mi cumpleaños es ⬜ regalos bonitos!

d) Me gustan las fiestas ⬜ diez años.

• Ahora escríbelas.

a) ....

b) ....

c) ....

d) ....

2 De los colores de abajo, solamente uno forma una frase. Une los cuadros de mismo color, descubre la frase y escríbela.

muchos	en	globos	amigos	tarta
bocadillos	piñata	madre	día	hora
Tengo	hermano	cumpleaños	feliz	casa
mes	de	ayer	están	calle
y	dulces	fiesta	juguetes	mi

....

3 Completa las frases con el verbo **tener**.

a) ¿Tú .... hermanos o hermanas?

b) Laura .... trece años.

c) María y Elena .... tres gatos.

d) Nosotros .... muchos amigos.

e) Yo .... una muñeca que camina y habla.

4 Lee el diálogo.

Ilustrações: Ilustra Cartoon/Arquivo da editora

- Ahora contesta a las preguntas.

a) ¿Cuántos años tiene Miguel? ¿Y Fernando?

....

b) ¿Cuándo es el cumpleaños de Fernando?

....

c) ¿Cómo fue tu último cumpleaños?

....

d) ¿Qué hay en las fiestas de cumpleaños?

....

¡Ahora lo sé!

1 Relaciona las columnas.

¡Qué rica es la tarta de chocolate!

Los globos son azul, rojo y rosa.

¡Muchas gracias!

¿Quieres una gaseosa?

Me gusta comer los bocadillos.

2 Observa la imagen y señala **V** (verdadero) o **F** (falso).

Ilustra Cartoon/Arquivo da editora

a) ☐ Es una fiesta de cumpleaños.

b) ☐ Falta un mago en la fiesta.

c) ☐ Algunos niños tienen sus rostros pintados.

d) ☐ Hay muchos globos.

e) ☐ La tarta es de manzana.

f) ☐ No hay juguetes en la fiesta.

g) ☐ Algunos niños están jugando a la escondida.

h) ☐ Carlitos cumple quince años.

¡Ahora a practicar!

1 Escucha y completa.

(19)

> MIRA, GRACIELA, ESTA
>
> .... ME LA
>
> REGALÓ MI ....

> ¡QUÉ ....! PERO
>
> ME .... MÁS
>
> ESTE ....

> ESTA MUÑECA ME LA REGALÓ
>
> MI...
>
> LEANDRO.

> A MÍ ME .... TODOS
>
> LOS .... Y ESTA
>
> .... , ¿.................................
>
> TE LA REGALÓ?

¿Lo sabías?

La **pastafrola** es una tarta tradicional en Argentina, y casi siempre forma parte de las mesas de cumpleaños en aquel país. Se prepara con una masa recubierta de dulce de membrillo, dulce de batata o dulce de leche, y es decorada con tiritas de masa entrecruzadas.

La combinación de esa tarta con el dulce de membrillo le atribuye un carácter típicamente sudamericano.

2 Completa las frases con el verbo **tener** y relaciónalas con las imágenes.

Manuela .... un libro.

Nosotras .... un coche.

Tú .... una muñeca.

Yo .... un hijo.

Bianca .... once años.

3 Lee el texto.

La piñata

Muy presente en México y en otros países latinoamericanos, la piñata hace parte de las fiestas de cumpleaños y de otras celebraciones. Es un recipiente hecho de barro o de cartón, cubierto de papel maché y adornado de papeles de colores. En general tiene la forma de animales o de estrella. En su interior se ponen muchos dulces de varios sabores. Algunas tienen también pequeños juguetes.

La piñata siempre está colgada en algún lugar de la fiesta y el cumpleañero o uno de los invitados, con los ojos vendados, debe intentar golpear la piñata con un palo hasta que esta se rompa, dejando caer todas las exquisitas sorpresas de su interior. Los niños se apresuran para coger los dulces o juguetes que pasan a ser de su propiedad.

Mientras que una persona pasa a pegarle a la piñata, todos empiezan a cantar canciones tradicionales, como esta: "Dale, dale, dale, no pierdas el tino, porque si lo pierdes, pierdes el camino; ya le diste una, ya le diste dos, ya le diste tres ¡y tu tiempo se acabó!".

4 Contesta a las preguntas según el texto.

a) ¿Qué es una piñata?

....

....

b) ¿Qué hay dentro de una piñata?

....

c) ¿En qué tipo de fiestas suele haber piñatas?

....

d) ¿Qué pasa cuando se rompe la piñata?

....

5 Señala con una **X** los elementos que puede contener una piñata.

xpixel/Shutterstock

STUDIO 11/Shutterstock

gowithstock/Shutterstock

Harald Schmidt/Shutterstock

6 Responde oralmente con tus compañeros.

a) ¿Ya fuiste a alguna fiesta en la que había una piñata o algo semejante? ¿Qué había dentro de ella?

b) Si fueras a armar una piñata, ¿qué cosas te gustaría poner adentro?

c) ¿Qué canciones sueles escuchar en fiestas de cumpleaños infantiles?

FIN DE AÑO

¿Cómo se dice?

ABUELITA, ¿CÓMO ESTÁS?

ESTOY MUY BIEN. ¡GRACIAS, CARIÑO!

TU CASA ESTÁ MUY BONITA Y LA COMIDA PARECE EXQUISITA.

GRACIAS, ABUELITO. ANITA Y YO AYUDAMOS A NUESTROS PAPÁS.

el pescado asado

el pan dulce

las castañas

las frutas secas

los pasteles

las frutas

las nueces

Para aprender un poco más...

Los posesivos	
Singular	**Plural**
mi	mis
tu	tus
su	sus
nuestro(a)	nuestros(as)
vuestro(a)	vuestros(as)
su	sus

¡HOY ES NOCHEVIEJA, DÍA 31 DE DICIEMBRE! MI FAMILIA SE REÚNE PARA LA CENA. ES UNA FIESTA MUY BONITA CON UNA COMIDA MUY ESPECIAL. COMEMOS PESCADO ASADO, NUECES, CASTAÑAS, FRUTAS Y MUCHOS DULCES.

los fuegos artificiales

Expresiones para felicitar en Año Nuevo

¡Feliz Año Nuevo!

¡Muchas felicidades a todos!

¡Buena suerte en el Año Nuevo!

¡Felices fiestas!

¡Un próspero Año Nuevo!

¿Cómo se escribe?

1 Observa las figuras, lee las frases y completa con **mi** o **mis**.

TODOS LOS AÑOS MI FAMILIA SE REÚNE PARA LAS FIESTAS DE FIN DE AÑO.

a) Esta es _____ madre.

c) Estos son _____ abuelos.

b) Este es _____ padre.

d) Estas son _____ hermanas.

2 Descubre las palabras y relaciónalas con las imágenes.

sñtaasca

....

nap ecldu

....

teapslse

....

3 Relaciona las columnas y descubre las frases.

a) En día de fiesta   ☐ la última noche del año.

b) Nochevieja es   ☐ nos divertimos mucho.

c) En el primer día del año   ☐ se prepara una comida especial.

d) Cuando nuestra familia se reúne   ☐ deseamos paz a todas las personas.

- Ahora escríbelas.

a) ....

b) ....

c) ....

d) ....

¡Ahora lo sé!

1 Ordena las palabras y descubre los mensajes.

a) | felicidades   muchas   todos   a |

....

b) | Año   feliz   Nuevo   a   família   su |

....

- Ahora, escribe un mensaje de fin de año.

....

....

....

....

2 Lee el texto.

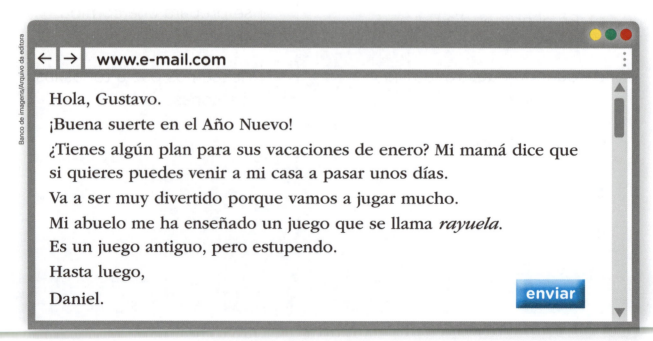

Hola, Gustavo.

¡Buena suerte en el Año Nuevo!

¿Tienes algún plan para sus vacaciones de enero? Mi mamá dice que si quieres puedes venir a mi casa a pasar unos días.

Va a ser muy divertido porque vamos a jugar mucho.

Mi abuelo me ha enseñado un juego que se llama *rayuela*.

Es un juego antiguo, pero estupendo.

Hasta luego,

Daniel.

enviar

Banco de imagens/Arquivo da editora

www.e-mail.com

- Ahora contesta.

a) ¿Cuándo son las vacaciones de Daniel y Gustavo?

....

b) ¿Cuál fue la invitación que hizo Daniel a Gustavo?

....

c) ¿Qué juego Daniel aprendió con su abuelo?

....

3 Vamos a leer.

Rayuela

La rayuela encuentra diferentes nombres según la región del mundo.

[...]

Este juego, extendido en una gran cantidad de países, tiene una gran variedad de reglas y maneras de confeccionar el dibujo. Se trata básicamente de un juego de casilleros que se traza sobre el suelo, por lo general por intermedio de una tiza.

[...]

Reglas para una de las variantes:

Se trazan 10 o 12 casilleros que van de la tierra al cielo. Se arroja una piedra progresivamente hasta el cielo, empezando por el uno. Saltando en una pierna o en dos, según los casilleros, [...] se debe evitar pisar el casillero donde está la piedra. Una vez superado, se detiene uno en un descanso, retira la piedra y se sigue saltando hasta el cielo. [...] El juego finaliza cuando uno de los jugadores llega al cielo.

Pierde el turno el que tira mal la piedra, también el que pierde el equilibrio, así como el que pisa la raya limitante de los casilleros.

[...]

Disponible en: <www.eljuegoinfantil.com/juegos-infantiles/rondas.htm>.
Acceso en: 21 abr. 2020. (Texto adaptado).

¡Ahora a practicar!

1 Completa los espacios del diálogo con las palabras del recuadro.

| mi | tus | nuestros |

¿........................ AMIGOS VAN A LA CELEBRACIÓN DE NOCHEVIEJA EN LA PLAZA?

POR SUPUESTO. VA A SER UNA GRAN FIESTA.

.... PRIMOS SACARON MUCHAS FOTOGRAFÍAS EL AÑO PASADO.

.... AMIGO DIJO QUE HABRÁ MUCHOS FUEGOS ARTIFICIALES.

Ilustra Cartoon/Arquivo da editora

2 Escucha las frases y complétalas con las palabras que faltan.

(21)

a) Ayudo .... preparar .... de ....

b) .... reúne .... las fiestas .... año.

c) Me .... artificiales.

d) ¡Buena suerte en .... !

3 Lee la historieta.

© Liniers/Fotoarena

- Ahora contesta a las preguntas.

a) ¿Crees que Fellini tiene una visión positiva del próximo año? ¿Por qué?

....

....

b) Escribe algo que te gustaría hacer el próximo año.

....

....

....

¿Lo sabías?

Hay dulces tradicionales que se preparan en las fiestas de fin de año españolas. Estos son algunos de los más comunes:

Turrón

roberaten/Shutterstock

Se hace con miel de abeja, azúcar, almendras y clara de huevo.

Mazapán

vasanty/Shutterstock

Su nombre proviene de machacar con una maza los dos principales ingredientes: almendras y azúcar.

4 Vamos a leer.

Año Nuevo bajo el mar

En el fondo del mar
el mero bombero,
celebra en su cueva
la fiesta de Año Nuevo.

Hay mazapanes
tortas y turrones,
pasas con higos
nueces y bombones

Un cachalote
y un caballito,
toman muy golosos
un chocolatito.

Como tienen hambre
mojan bizcochito,
¡Ay qué rico sabe!
lo sirve un cangrejito.

Un tiburón
se come el turrón,
mientras dos salmones
comen polvorones.
[…]

Abren las nueces
los peces martillo,
y un pez espada
las come con higos.

Al llegar las doce
toman los bombones,
doce cada uno
son las tradiciones.

En la cueva del mero
los más chiquititos,
reciben el año
cantando villancicos.

La fiesta marina
es muy divertida,
ríen y bailan
hasta el nuevo día.

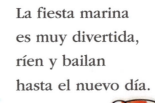

Marisa Alonso Santamaría. Disponible en: <https://cuentosentretenidos-marissa.
blogspot.com/2014/01/ano-nuevo-bajo-el-mar.html>. Acceso el: 21 abr. 2020.

5 Ahora, contesta a las preguntas según el texto.

a) ¿Dónde ocurre la fiesta de Año Nuevo?

....

b) ¿Qué comidas hay en la fiesta?

....

c) ¿Qué hacen los invitados a las doce en punto?

....

....

d) ¿Qué hacen los animales hasta llegar el nuevo año?

....

6 Ordena las letras y descubre algunos de los invitados de la fiesta en el fondo del mar. Luego, relaciona con las imágenes.

c t b i a l l a o
....

Pixfiction/Shutterstock

g r a n e j c o
....

Rich Carey/Shutterstock

ó t n u r i b
....

Hayk_Shalunts/Shutterstock

z e p s p a d a e
....

LeonP/Shutterstock

7 Responde oralmente con tus compañeros.

a) ¿Ya participaste en una fiesta de Año Nuevo? ¿Quiénes estaban presentes?

b) De las comidas que se mencionan en el poema, ¿cuál o cuáles de ellas había en la fiesta en la que participaste?

¡EN ACCIÓN!

Mural de fiestas populares latinoamericanas

En esta Unidad has conocido algunas costumbres de las fiestas de cumpleaños y de fin de año en países hispanohablantes. También has aprendido algunas expresiones en español utilizadas en esas fechas.

Ahora, ¿vamos a conocer un poco más sobre las fiestas populares latinoamericanas y producir un mural para compartir las informaciones?

Útiles para esta actividad

- Fuentes para investigación (revistas, internet, etc.)
- Cartulina blanca
- Tijera de puntas redondas
- Pegamento
- Rotuladores coloridos

Para hacer la actividad, sigue las etapas a continuación.

1 Entre toda la clase, pónganse de acuerdo con relación al título del mural y qué informaciones va a tener cada cartel (como fecha en que ocurre la fiesta, lugar en que es celebrada, comidas, canciones, ropas y bailes típicos, etc).

Ilustraciones: Ilustra Cartoon/Arquivo da editora

2 Reúnete con tu grupo y escojan una fiesta popular latinoamericana para investigar. Cada grupo hará un cartel sobre una fiesta para formar parte del mural colectivo. Estas son algunas sugerencias de fiestas:

- Día de los muertos (México)
- Carnaval (Brasil)
- Feria de las flores (Colombia)
- Fiesta de la Vendimia (Argentina)
- Inti Raymi (Perú)
- La Mama Negra (Ecuador)

3 Investiguen la fiesta elegida y reúnan las informaciones previamente acordadas.

4 Escriban un texto con las informaciones colectadas siguiendo las orientaciones del profesor.

5 Seleccionen imágenes para hacer parte del cartel o hagan dibujos. Es importante que sean imágenes representativas y que llamen la atención.

6 Hagan el cartel: escriban el título, pasen el texto a la cartulina y peguen las imágenes.

7 Al final, monten el mural con la ayuda del profesor y organicen una presentación colectiva en la escuela para explicarlo.

Ilustrações: Ilustra Cartoon/Arquivo da editora

1 Juega al ahorcado.

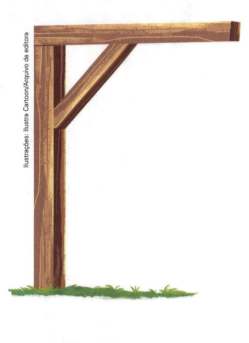

Ilustrações: Ilustra Cartoon/Arquivo da editora

barco pirata	cine virtual	montaña rusa	coche de choque

caída libre   globos   teleférico   *rafting*   noria   palomitas

tiovivo   parque   diversión   jugar   atracciones

2 Dibuja las agujas del reloj.

a) Es medianoche.

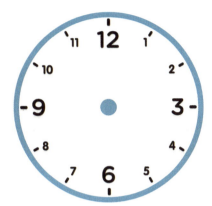

d) Son las diez y media.

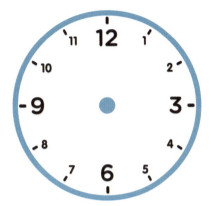

b) Son las seis menos cuarto.

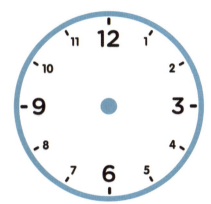

e) Son las cuatro y veinte.

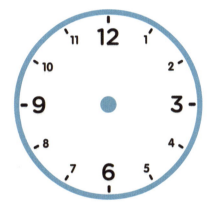

c) Son las ocho en punto.

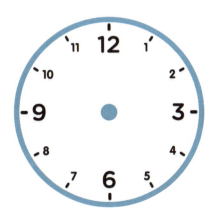

f) Son las tres y cuarto.

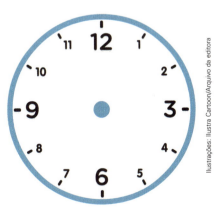

Ilustrações: Ilustra Cartoon/Arquivo da editora

1 Observa las figuras y contesta: ¿Dónde se compran estas cosas?

a

hin255/Shutterstock

d

Phongphao Arkatsupha/Shutterstock

b

JeniFoto/Shutterstock

e

ivanastar/iStockphotos/Getty Images

c

M. Unal Ozmen/Shutterstock

f

Africa Studio/Shutterstock

2 ¿Vamos a sumar? Escribe los resultados con letras.

a) 24 + 38 = ...

b) 43 + 50 = ...

c) 32 + 51 = ...

d) 15 + 22 = ...

e) 23 + 25 = ...

f) 15 + 12 = ...

g) 55 + 25 = ...

h) 33 + 67 = ...

i) 32 + 19 = ...

3 Ordena las palabras y escribe las frases.

a) | librería   gusta   ir   Me   mucho   la   a |

....

b) | en   florería   la   flores   Hay   maravillosas |

....

c) | casa   cerca   una   Hay   heladería   mi   de |

....

d) | panadería   sabrosos   hay   panes   En   la |

....

e) | comprar   bolígrafo   un   Voy   papelería   la   a   en |

....

1 Hagan el crucigrama.

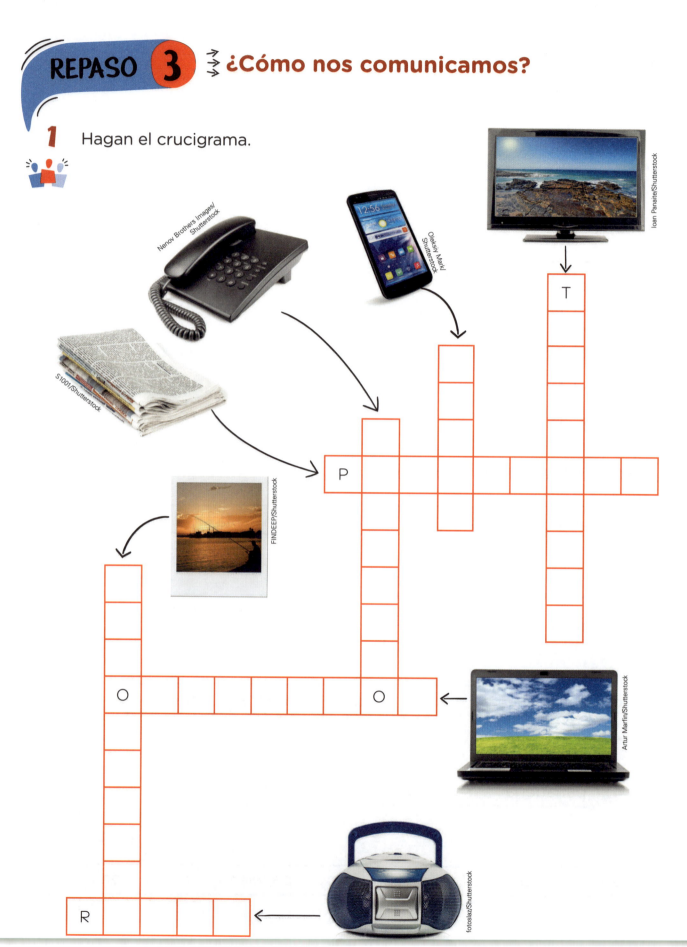

2 Lee los hechos y numera las figuras. Después, copia las frases correspondientes.

1 Ayer, Luis y Ana estaban jugando a la pelota cuando escucharon un ruido fuerte.

2 Con miedo, cada uno de ellos volvió hacia su casa.

3 En la mañana siguiente, volvieron al mismo lugar de antes para descubrir el ruido.

4 De repente, el ruido fue más fuerte y ellos encontraron un nido con pajaritos.

....
....
....

....
....
....

Ilustraçoes: Ilustra Cartoon/Arquivo da editora

REPASO 4 🎵 Las artes

1 Observa el cuadro y completa los diálogos con el verbo **gustar** o **encantar** y los respectivos gustos de las personas.

⭐ Me gusta.   ⭐ No me gusta.   ⭐ Me encanta.

	Música	Teatro	Pintura	Literatura	Cine	Danza
Lais	⭐	⭐	⭐	⭐	⭐	⭐
Leandro	⭐	⭐	⭐	⭐	⭐	⭐
Andrea	⭐	⭐	⭐	⭐	⭐	⭐
Felipe	⭐	⭐	⭐	⭐	⭐	⭐

ME LLAMO LEANDRO. ME .... LA MÚSICA, EL .... Y EL .... LA .... ME ENCANTA, PERO LA .... Y LA .... ME ....

ME LLAMO ANDREA. ME .... LA PINTURA Y LA .... EL .... Y LA .... ME ENCANTAN, PERO .... ME .... LA .... Y EL CINE.

MI NOMBRE ES FELIPE. .... ME .... EL TEATRO Y LA .... YA EL .... ME .... ME .... LA .... , LA .... Y LA MÚSICA.

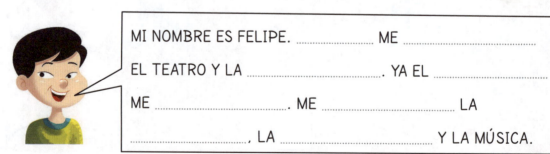

SOY LAIS. ME .... LA .... , LA MÚSICA Y EL .... NO ME .... EL TEATRO Y LA .... LA .... ME ....

Ilustrações: Ilustra Cartoon/Arquivo da editora

2 Busca las palabras en la sopa de letras.

teatro	danza	cine	fotografía
música	pintura	escultura	
arquitectura	película	literatura	

```
P  L  O  R  F  O  T  O  G  R  A  F  Í  A  Q  E
R  E  T  E  H  J  N  K  Ñ  I  T  Y  H  Z  A  S
D  A  N  Z  A  O  I  O  U  Y  F  L  K  O  L  Ñ
P  G  T  B  Y  T  P  E  L  Í  C  U  L  A  U  T
I  U  Y  J  Y  H  R  S  V  X  S  B  N  A  S  E
L  O  E  I  T  V  F  Y  U  N  D  P  I  U  G  A
I  H  S  R  R  C  I  N  E  T  O  T  A  G  Q  T
T  Y  C  I  T  R  W  C  V  Ñ  L  T  U  Y  Y  R
E  U  U  F  R  V  X  W  Z  Q  U  A  P  M  J  O
R  T  L  R  F  D  E  D  M  T  L  O  P  Ú  H  B
A  R  T  E  R  W  Q  D  C  B  V  N  B  S  I  O
T  P  U  V  G  R  E  R  V  C  X  Z  Ñ  I  I  Y
U  G  R  T  W  Q  T  M  N  H  L  K  N  C  V  C
R  X  A  Z  E  D  T  B  Y  B  U  B  Q  A  Ñ  K
A  J  H  Y  U  T  R  D  Q  P  I  Y  R  P  U  V
B  V  X  S  Z  A  S  W  R  G  K  N  M  O  H  F
E  W  R  Y  B  I  P  I  N  T  U  R  A  P  I  N
A  R  Q  U  I  T  E  C  T  U  R  A  Ñ  G  A  Q
A  C  K  D  I  W  L  C  M  S  I  Z  O  E  P  L
```

1 Observa las imágenes y escribe frases con las profesiones que se te presentan.

2 Completa las frases con el verbo **querer** y las profesiones.

a

.... ser

.... cuando

sea grande. (yo)

b

Ellas ....

ser ....

c

Nosostros ....

ser ....

d

¿.................................... ser

....................................? (tú)

3 Relaciona los objetos a las profesiones.

SOY MÚSICA.

1

SOY CARTERO.

2

SOY CONDUCTORA.

3

1 Descubre quiénes son las personas por medio de las características. Luego, escribe el nombre de cada una en el lugar correspondiente.

Ilustra Cartoon/Arquivo da editora

....

Gabriel	Niño de 11 años, alto y delgado, tiene el pelo castaño, liso y corto y los ojos marrones.
Joana	Mujer de 50 años, bajita y delgada. Tiene el pelo corto, liso y rubio y los ojos marrones.
Marisa	Niña de 11 años, bajita y gordita, tiene el pelo pelirrojo, largo y rizado y los ojos azules.
Ricardo	Hombre de 25 años, alto y gordito, tiene el pelo rubio y liso y los ojos marrones.
Maurício	Niño de 12 años, negro, alto y delgado, tiene el pelo negro y rizado y los ojos negros.

2 ¡Bingo!

Bingo

Banco de palabras

corto	liso	rizado	rubio	bigote
tímido	enamorado	ansioso	espantado	aburrido
molesto	feliz	barba	pelirrojo	largo
azul	gordito	bajito	verde	castaño
negro	moreno	calvo	joven	mayor
delgado	alto	diversidad	marrón	barba

3 Dibuja y describe a ti mismo.

1 Mira las figuras y escribe el nombre de cada una. Después, busca los nombres en la sopa de letras.

Sveta Orlova/Shutterstock

photomatz/Shutterstock

Denise Kappa/Shutterstock

Take Photo/Shutterstock

....

Al Mueller/Shutterstock

NaughtyNut/Shutterstock

mama_mia/Shutterstock

....

T	G	A	S	E	O	S	A	P	L	P	K	Ñ
I	U	T	G	R	E	Z	R	A	H	I	N	D
G	L	O	B	O	S	Y	S	R	O	Ñ	D	U
G	F	D	A	A	U	O	P	E	E	A	W	L
R	T	E	V	B	A	N	B	G	Q	T	D	C
O	A	U	R	T	A	S	W	A	N	A	Ñ	E
U	R	R	T	E	Q	E	C	L	B	U	O	G
T	T	A	V	C	X	Z	Q	O	O	U	I	Ñ
P	A	Y	T	U	R	X	K	O	P	R	C	A
D	G	T	B	O	C	A	D	I	L	L	O	S

2 Completa las frases con el verbo **tener**.

a) .... dos hermanos, Mateus y Henrique. (yo)

b) Nosotros .... poco tiempo para estudiar.
El test de Matemáticas es mañana.

c) ¿ .... cuántos años? (tú)

d) Ellos .... muchos cómics. Es una colección antigua.

e) Ella .... el pelo negro y rizado como el de su abuela.

f) ¿Vosotros .... el libro **Cuentos de la selva**, de
Horacio Quiroga?

3 Descubre el mensaje secreto para saber cuándo será la fiesta.

1	2	3	4	5	6
cumplo	día	once	Te	años	a

7	8	9	10	11	12
invito	mi	fiesta	Amigo	catorce	diciembre

13	14	15	16	17	18
cumpleaños	de	las	tres	la	tarde

10,

....

2 - 11 - 14 - 12 - 1 - 3 - 5.

4 - 7 - 6 - 8 - 9 - 14 - 13 - 6 - 15 - 16 - 14 - 17 - 18.

Bruno

1 Lee el texto y complétalo con los pronombres del recuadro.

| mi | mis | sus | su | mi | nuestros |

Querido diario...
¡Felices Fiestas!

Hoy es un día muy especial. Es Nochevieja y voy a celebrarla con _____ familia: _____ tíos y tías, abuelos, hermanos, en fin, todos que me encantan.

Día 3 de enero, voy a pasar unos días en la casa de _____ amiga Daniela. Ella me ha invitado porque estamos de vacaciones. _____ familia vive cerca de _____ amigos Alejandro, Patricia y Marco.

_____ hermanos Fernando y Fabio son muy divertidos y conocen muchos juegos.

¡Vamos a pasarlo bomba!
Hasta luego,
Isabel.

Banco de imagens/Arquivo da editora

- Ahora contesta a las preguntas.

a) ¿Qué día es en el texto?

....

b) ¿Por qué Isabel está contenta?

....

c) ¿Cuándo Isabel va a casa de Daniela?

....

d) ¿Quién Isabel va a encontrar allá?

....

e) ¿Crees que va a ser divertido?

....

2 Ordena las palabras y escribe las frases.

a — ¡ — felicidades — muchas — todos — !

....

....

....

feliz — familia — nuevo — su — ¡ — a — i — año

....

....

....

- Ahora, escribe un mensaje de fin de año en la tarjeta.

A

abuelo(a): avô(ó)

aburrido(a): entediado(a)

acerca de: sobre, a respeito de

acompañar: acompanhar

acostar(se): deitar(-se)

actuación: atuação

acuática: aquática; que vive na água

(se) acuesta (verbo acostar): deita (-se) (verbo **deitar**)

además: ademais, além de

adornado(a): enfeitado(a)

adorno: enfeite

agreguen (verbo agregar): acrescentem (verbo **acrescentar**)

ahora: agora

almendras: amêndoas

Yuri Samsonov/Shutterstock

al revés: ao contrário

analizar: analisar

antiguo(a): antigo(a)

árbol: árvore

archivo: arquivo

arroja (verbo arrojar): lança (verbo **lançar**), arremessa (verbo **arremessar**)

ascensor: elevador

asiento: assento

asqueroso(a): nojento(a)

ayer: ontem

ayuntamiento: prefeitura

B

bailar: dançar

bailarines: bailarinos

bajito(a): baixinho(a)

bandoneón: espécie de acordeão argentino quadrado, utilizado em tangos

anyaivanova/Shutterstock

basura: lixo

basurero: profissional contratado pelo governo para recolher o lixo das ruas

bienvenido(a): bem-vindo(a); boas-vindas

bigote: bigode

bisabuelo(a): bisavô(ó)

bocadillo: sanduíche

bombero: bombeiro

bombo: bumbo sinfônico

bordea (verbo bordear): contorna (verbo **contornar**)

botella: garrafa

bronceado(a): bronzeado(a)

C

cable: cabo; fio elétrico

caída libre: queda livre; brinquedo de parque de diversões que simula a queda livre

calvo: careca

camarero(a): garçom, garçonete

cangrejo: caranguejo

canica: bolinha de gude

cantante: cantor, cantora

cartero(a): carteiro(a)

casco: capacete

casi: quase

casillero: cada um dos espaços da amarelinha e dos jogos de tabuleiro; casa

castaño: castanho

castañuelas: castanholas

Cabeca de Marmore/Shutterstock

cena: ceia, jantar

cerdo: porco

cine: cinema

coche de choque: carrinho bate-bate

colgada: pendurada

cómic: gibi, revista em quadrinhos

conductor(a): motorista

contesta (verbo contestar): responda (verbo **responder**)

cornetín: corneta

correo: correio

costumbre: costume

cristiano: cristão

cuaderno: caderno

cumpleañero(a): aniversariante

cumpleaños: aniversário

D

danzante: dançante; dançarino(a)

delante: na frente de

delgado(a): magro(a)

deprisa: rápido, depressa

desarollo: desenvolvimento

desconocido(a): desconhecido(a)

descripciones: descrições

deseamos (verbo desear): desejamos (verbo **desejar**)

deshojando (verbo deshojar): desfolhando (verbo **desfolhar**)

dibujo: desenho

dinero: dinheiro

discurre (verbo discurrir): atravessa (verbo **atravessar**)

disfrutada: apreciada

docente: professor

E

edad: idade

egipcio(a): egípcio(a), pessoa que nasceu no Egito

empezó (verbo empezar): iniciou (verbo **iniciar**), começou (verbo **começar**)

enamorado(a): apaixonado(a)

enseñando (verbo enseñar): ensinando (verbo **ensinar**)

entonces: então

entrecano: grisalho

escalera: escada

escalera rodante: escada rolante

escena: cena

escribir: escrever

esfuerzo: esforço

espeso(a): espesso(a)

estupendo(a): ótimo(a)

éxito: sucesso

exquisita: deliciosa

extendido(a): difundido(a)

F

falda: saia

florería: floricultura

G

gafas: óculos

gana: vontade

ganado (verbo ganar): ganhado (verbo **ganhar**)

garantizar: garantir

gaseosa: refrigerante

gitano: cigano

globos: bexigas, balões

golosinas: guloseimas

golpear: bater, golpear

gordito(a): gordinho(a)

guapo(a): lindo(a)

guay: legal

guiñar: piscar

guitarra: violão

guitarra eléctrica: guitarra

H

habían (verbo haber): haviam (verbo **haver**)

habitación: quarto, dormitório

hablar: falar

hace (verbo hacer): faz (verbo **fazer**)

hambre: fome

hamburguesería: estabelecimento comercial que vende hambúrgueres

hasta: até

heladería: sorveteria

helado: sorvete

hielo: gelo

hierva (verbo hervir): ferva (verbo **ferver**)

higo: figo

hispanohablante: hispanofalante, aquele que tem o espanhol como idioma oficial ou dominante

hoy: hoje

I

increíble: inacreditável

ingeniería: engenharia

inolvidable: inesquecível

invitación: convite

invitar: convidar

isla: ilha

Filip Fuxa/Shutterstock

J

judío: judeu

juguetería: loja de brinquedos

K

kiosco: quiosque

L

laboral: de trabalho

largo(a): longo(a), comprido(a)

leche: leite

leer: ler

lengua: língua (parte do corpo); idioma

librería: livraria

listo(a): pronto(a); preparado(a)

llamar: chamar; telefonar

llegar: chegar

llenar: encher

lucha: luta

luego: logo

lujo: luxo

M

mano: mão

mantener: manter

manzana: maçã

mañana: manhã; amanhã

mármol: mármore

mazapán: marzipã

medianoche: meia-noite

mediodía: meio-dia

membrillo: marmelo

Valentyn Volkov/Shutterstock

micrófono: microfone

mientras: enquanto

¡Mira!: Olha!

mirador: mirante

montaña rusa: montanha-russa

molesto(a): bravo(a)

mucho: muito

¡Mucho gusto!: Muito prazer!

muestran (verbo mostrar): mostram (verbo **mostrar**)

muñeca: boneca

muy: muito

N

nací (verbo nacer): nasci (verbo **nascer**)

necesito (verbo necesitar): necessito (verbo **necessitar**), preciso (verbo **precisar**)

nido: ninho

noche: noite

Nochevieja: última noite do ano, *réveillon*

noria: roda-gigante

nueces: nozes

nuevo: novo

numerales: numerais

O

o: ou

obtuvo (verbo obtener): obteve (verbo **obter**)

oficina: escritório

olla: panela

ordenador: computador

oro: ouro

orquestal: orquestral

otro(a): outro(a)

P

pajarito: passarinho

pájaro: pássaro

palo: pau; bastão

palomitas: pipocas

panadería: padaria

pan dulce: panetone

panel: painel

pantalla: tela

parque de atracciones: parque de diversões

partido: jogo

pasillo: corredor

pasteles: tortas

película: filme

pelirrojo(a): ruivo(a)

pelota: bola

peluquería: salão de cabeleireiro

percibieron (verbo percibir): perceberam (verbo **perceber**)

periódico: jornal

pero: mas, porém

pescado asado: peixe assado

pez: peixe

piedra: pedra

pierde (verbo perder): perde (verbo **perder**)

piñata: balão feito de papel recheado de doces e presentes

piso: apartamento; andar, pavimento

plantea (verbo plantear): apresenta (verbo **apresentar**), propõe (verbo **propor**)

poco(a): pouco(a)

podría (verbo poder): poderia (verbo **poder**)

policía: policial

poner: pôr

por supuesto: certamente, sem dúvida

prefiero (verbo preferir): prefiro (verbo **preferir**)

primer: primeiro

profesión: profissão

propio(a): próprio(a)

publicista: publicitário

Q

quedar: ficar

quién: quem

R

raro(a): estranho(a)

rascacielo: arranha-céu

rasgueo: toque de violão

rato: momento

raya: linha

rayuela: amarelinha

recuerdo: lembrança

regalo: presente

regaló (verbo regalar): presenteou (verbo **presentear**)

regla: regra

regresé (verbo regresar): regressei (verbo **regressar**)

reír: rir

reloj: relógio

remitente: remetente

reparte (verbo repartir): distribui (verbo **distribuir**)

reto: desafio

revolver: mexer

risueño: risonho

rizado(a): crespo(a); encaracolado(a)

rompa (verbo romper): quebre (verbo **quebrar**)

rubio(a): loiro(a)

S

sacar: tirar

salida: saída

salir: sair

salta (verbo saltar): pula (verbo **pular**), salta (verbo **saltar**)

saxofón: saxofone

Mindscape studio/Shutterstock

semillas: sementes

señala (verbo señalar): assinala (verbo **assinalar**)

si: se

silbar: assobiar

sobre: sobre; envelope

sobrevolé (verbo sobrevolar): sobrevoei (verbo **sobrevoar**)

sollozo: soluço

sonido: som

sonrisa: sorriso

soplo: sopro

sorprendido(a): surpreso(a)

suelo: solo; chão

suena (verbo sonar): soa (verbo **soar**), produz som

sueña (verbo soñar): sonha (verbo **sonhar**)

T

tan: tão

tarea: tarefa

tarjeta: cartão

tarjeta postal: cartão-postal

tarta: bolo

telediario: telejornal

tener: ter

tez: pele

tiburón: tubarão

tienda: loja

tiovivo: carrossel

trabajo: trabalho

tubería: tubulação

U

ubicado(a): localizado(a)

un, unos: um, uns

una, unas: uma, umas

V

vacaciones: férias

vainilla: baunilha

valorar: valorizar

van: vão

viajé: viajei

vieron (verbo venir): viram (verbo **vir**)

violín: violino

vivir: viver; morar

volvió (verbo volver): voltou (verbo **voltar**)

Y

y: e

ya: já

yo: eu

Z

zampoña: flauta andina

zapatería: loja de sapatos

zapatillas: tênis

SUGERENCIAS PARA EL ALUMNO

🔵 Libros

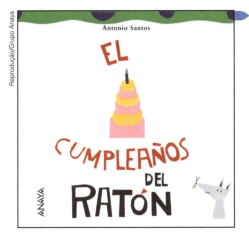

El cumpleaños del ratón, de Antonio Santos. Madrid: Anaya.

É dia de comemorar o aniversário do rato! Todos os seus amigos comparecerão à festa: a girafa, o elefante, o crocodilo, a zebra e o leão.

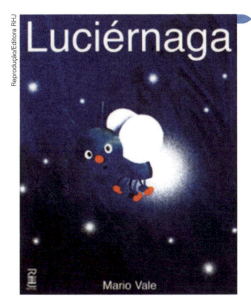

Luciérnaga, de Mario Vale. Belo Horizonte: RHJ.

Os personagens Passarinha, Filhote e Pirilampo propõem pensar além do cotidiano em um livro artisticamente ilustrado, criativo e emocionante.

🔵 Enlaces

Canal Canticuénticos
Disponível em: <https://youtube.com/user/CanticuenticosVideo>. Acesso em: 13 mar. 2020.

Canal do grupo musical argentino Canticuénticos com diversos vídeos animados de suas canções.

¡Hola Llamigo!
Disponível em: <https://youtube.com/watch?v=_hr70Lytvbl>. Acesso em: 13 mar. 2020.

Curta-metragem sobre um menino que vive uma vida monótona, cheia de tarefas no rancho de seu pai, até que um dia ele faz uma amizade inesperada.

BIBLIOGRAFÍA

ALONSO, E. *¿Cómo ser profesor/a y querer seguir siéndolo?* Madrid: Edelsa, 1997.

BELLO, P. et al. *Didáctica de las segundas lenguas.* Madrid: Santillana, 1996.

BENVENISTE, E. *Problemas de Lingüística general.* México: Siglo XXI, 1971.

COSTA, D. N. M. da. *Por que ensinar língua estrangeira na escola de 1º grau.* São Paulo: EPU/Educ, 1987.

DI TULLIO, A. *Manual de gramática del español.* Buenos Aires: Waldhuter Editores, 2010.

JOHNSON, K. *Aprender y enseñar lenguas extranjeras:* una introducción. Trad. de Beatriz Álvarez Klein. México: Fundación de Cultura Económica (FCE), 2008.

MARTÍNEZ, A. La variación lingüística como herramienta para la enseñanza de la lengua estándar. In: _____ (Coord.). *El entramado de los lenguajes.* Buenos Aires: La Crujía, 2009.

Notas

CUADERNO DE CREATIVIDAD Y ALEGRÍA

LECCIÓN 1 – EN EL PARQUE DE ATRACCIONES

1 ¿Qué hora es? Ordena las letras y pega los adhesivos adecuados que están al final de este cuaderno.

a) Es la NAU Y ZEID.

....

b) Son las SDO NOSME RUATOC.

....

c) Son las TESR Y TEVEIN.

....

d) Son las CNCOI.

....

e) Son las DSO Y INUCEQ.

....

2 Usa las palabras del cuadro para completar el crucigrama.

5 letras	6 letras	7 letras	9 letras	10 letras	11 letras
noria	juegos parque	tiovivo rafting	divertido	teleférico	atracciones

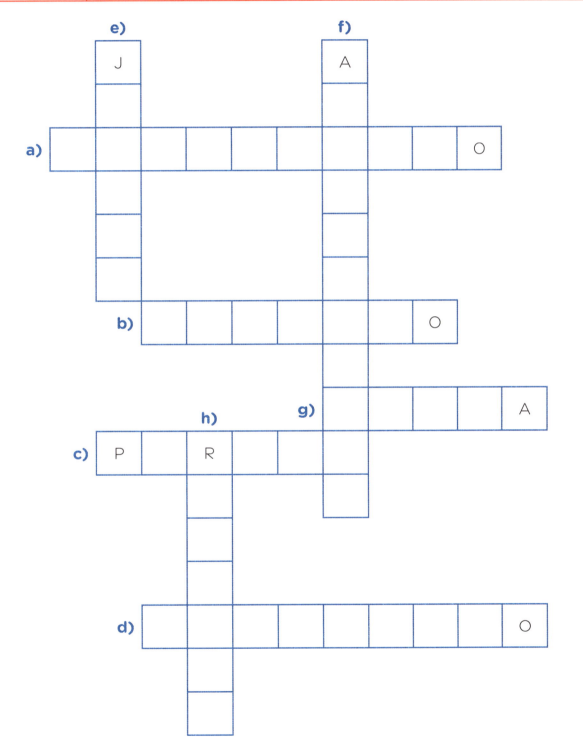

LECCIÓN 2 – EN EL CENTRO COMERCIAL

1 Pega los adhesivos que están al final de este cuaderno en los establecimientos comerciales correspondientes.

2 ¡Bingo!

Bingo

Banco de números					
77	92	30	47	51	18
11	7	8	83	5	21
9	4	62	100	34	37
28	17	44	12	0	40
60	80	89	98	61	50

3 ¡Vamos a charlar!

¿TE GUSTA IR AL CENTRO COMERCIAL?

ME GUSTA IR AL CENTRO COMERCIAL PARA COMPRAR LIBROS Y OTRAS COSAS CON MIS ECONOMÍAS.

SÍ, PERO PREFIERO IR AL PARQUE CON MIS AMIGOS.

¿Y TÚ?

Ilustra Cartoon/Arquivo da editora

LECCIÓN 3 – ¿CÓMO NOS COMUNICAMOS?

1 Jueguen al ahorcado.

Ilustrações: Ilustra Cartoon/Arquivo da editora

ordenador	periódico	televisión	teléfono	radio
tarjeta postal	sobre	destinatario	remitente	
revista	carta	correo electrónico		

2 Observa el salón de Andrea y señala **V** (verdadero) o **F** (falso).

Ilustra Cartoon/Arquivo da editora

	V	F
a) Andrea es ordenada.	☐	☐
b) Le gusta escuchar música.	☐	☐
c) No tiene televisión.	☐	☐
d) No le gusta leer.	☐	☐
e) Tiene ordenador en el salón.	☐	☐
f) Hay muchas ropas en el salón.	☐	☐
g) Le gustan los libros de deporte.	☐	☐
h) No hay zapatos en el salón.	☐	☐
i) A Andrea le gusta tocar la guitarra.	☐	☐
j) Le gusta el arte.	☐	☐

1 Completa las palabras con las vocales. Después haz el crucigrama.

horizontal	vertical
t_____tr_____	p_____nt_____r
_____rt_____	g_____t_____rr
c_____n	z_____mp_____ñ
m_____s_____c	f_____t_____gr_____f_____
d_____nz_____	l_____t_____r_____t_____r
_____rqu_____st_____	

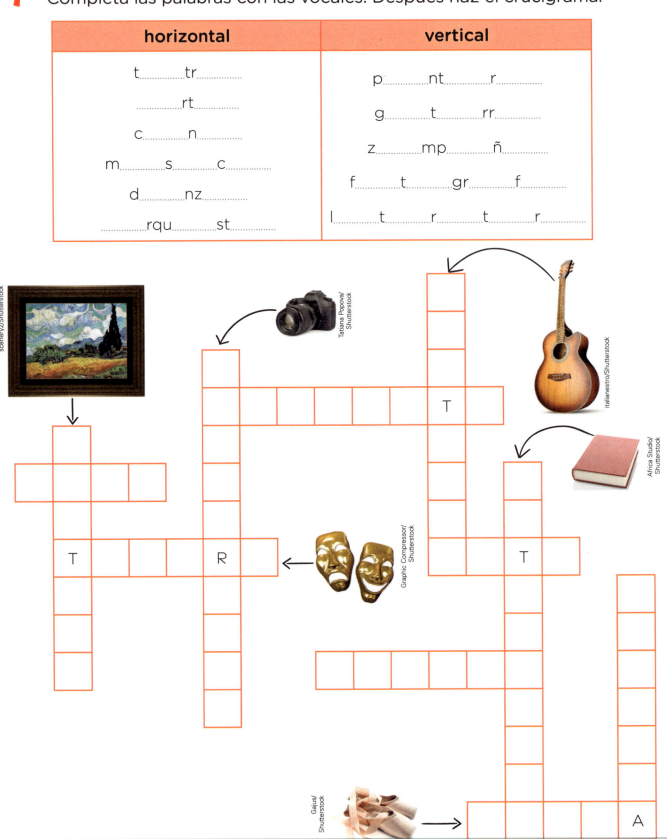

2 Busca lo que se pide y circula en la figura.

- Una banda musical.

- Cinco personas en bici.

- Tres personas paseando con sus perros.

- La cantante de la banda.

- Un chico tocando la guitarra.

- Dos guitarras eléctricas.

- Una chica leyendo.

- Una exposición de arte.

- Cinco personas bailando.

LECCIÓN 5 – LAS PROFESIONES

1 Completa el crucigrama.

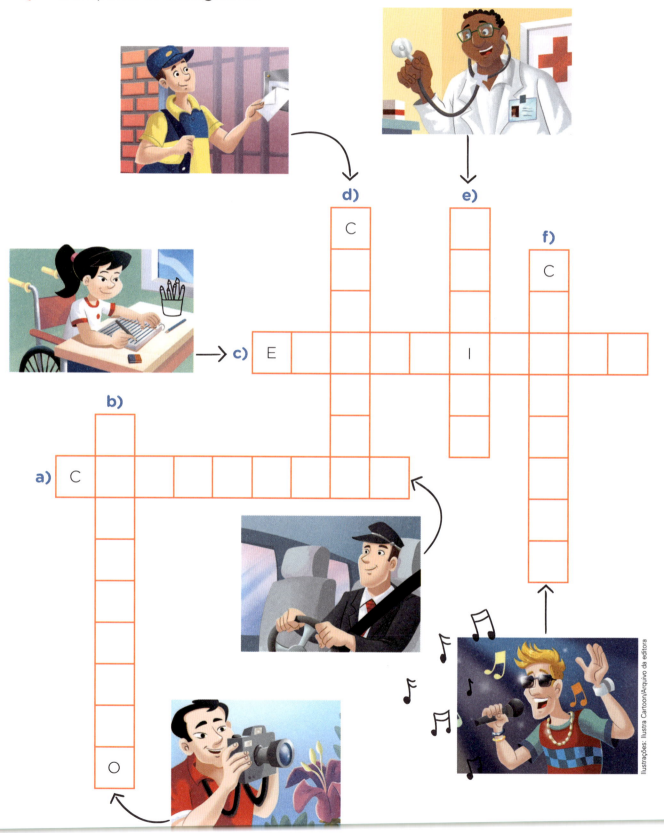

d)
C

e)

f)
C

c) E ... I

b)

a) C

O

Ilustrações: Ilustra Cartoon/Arquivo da editora

Ilustra Cartoon/Arquivo da editora

LECCIÓN 6 – ASÍ SOMOS

1 Laura se ha perdido. Ayuda su madre a encontrarla. Ella es bajita, tiene el pelo rubio, largo y rizado.

2 Pega los adhesivos según las descripciones.

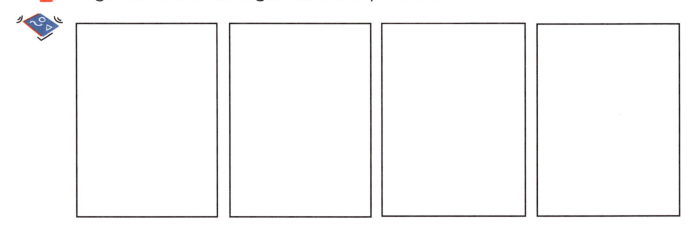

Tiene el pelo largo y liso y los ojos negros.	Es calvo y tiene los ojos castaños.	Tiene el pelo entrecano y corto y los ojos verdes.	Tiene el pelo negro y rizado y los ojos negros.

3 ¿Cómo te sientes? Contesta a la pregunta y dibuja una expresión en cada rostro.

a) Estoy ....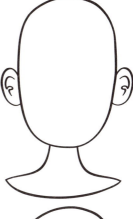

b) Estoy ....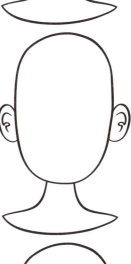

c) Estoy ....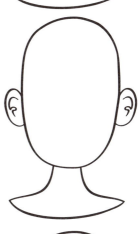

d) Estoy ....

Ilustrações: Banco de imagens/Arquivo da editora

1 Completa el crucigrama con las palabras del cuadro.

5 letras	6 letras	7 letras	9 letras	10 letras
tarta	fiesta	gaseosa	bocadillo	cumpleaños
dulce	regalo	gracias		
feliz	globos			

Ilustrações: Ilustra Cartoon/Arquivo da editora

2 Completa la escena con los adhesivos que están al final de este cuaderno.

Ilustra Cartoon/Arquivo da editora

3 ¡Bingo!

Bingo

Banco de palabras				
piñata	regalo	tarta	amigos	libro
años	globo	cumpleaños	feliz	videojuego
día	bocadillo	felicidades	gaseosa	casa
fiesta	dulce	gracias	muñeca	edad
madre	años	bonito	juguetes	divertida

LECCIÓN 8 – FIN DE AÑO

1 Busca las seis diferencias y márcalas en la segunda figura.

Ilustrações: Ilustra Cartoon/Arquivo da editora

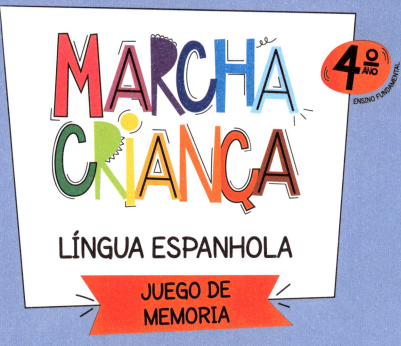

MARCHA CRIANÇA

4º ANO
ENSINO FUNDAMENTAL

LÍNGUA ESPANHOLA

JUEGO DE MEMORIA

editora scipione

Nombre: ....

Año: ....

Dobre ⤵

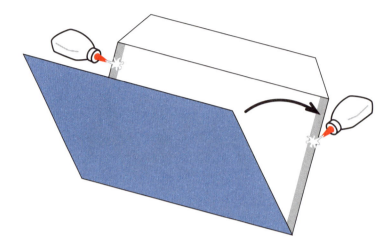

Dobre ⤴

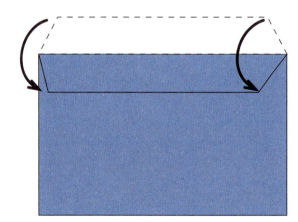

JUEGO DE MEMORIA

florería

juguetería

zapatería

heladería

tienda de ropas

panadería

camarero

maestro

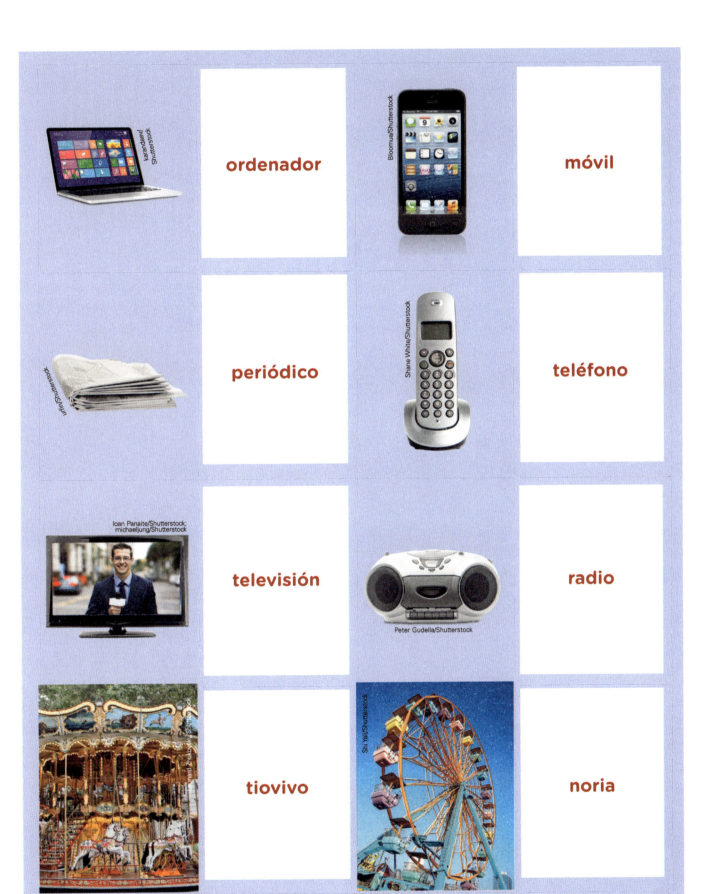

ordenador

móvil

periódico

teléfono

televisión

radio

tiovivo

noria

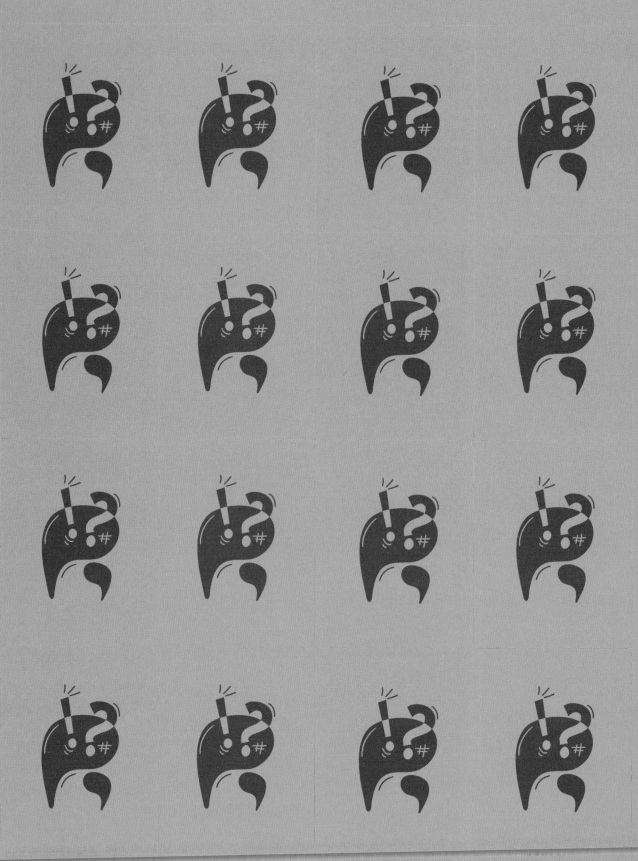

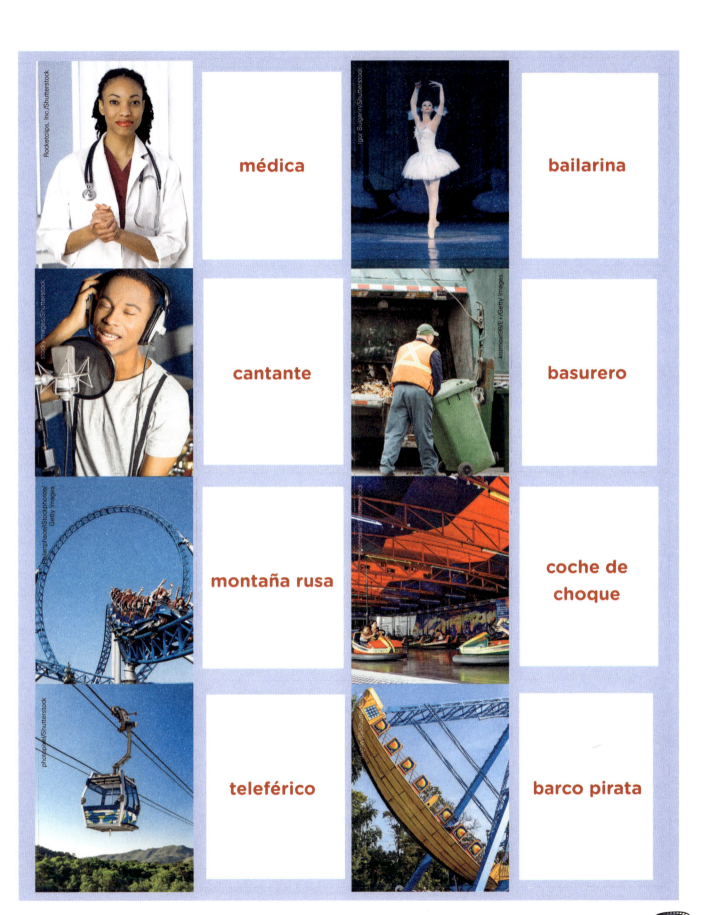

médica

bailarina

cantante

basurero

montaña rusa

coche de choque

teleférico

barco pirata

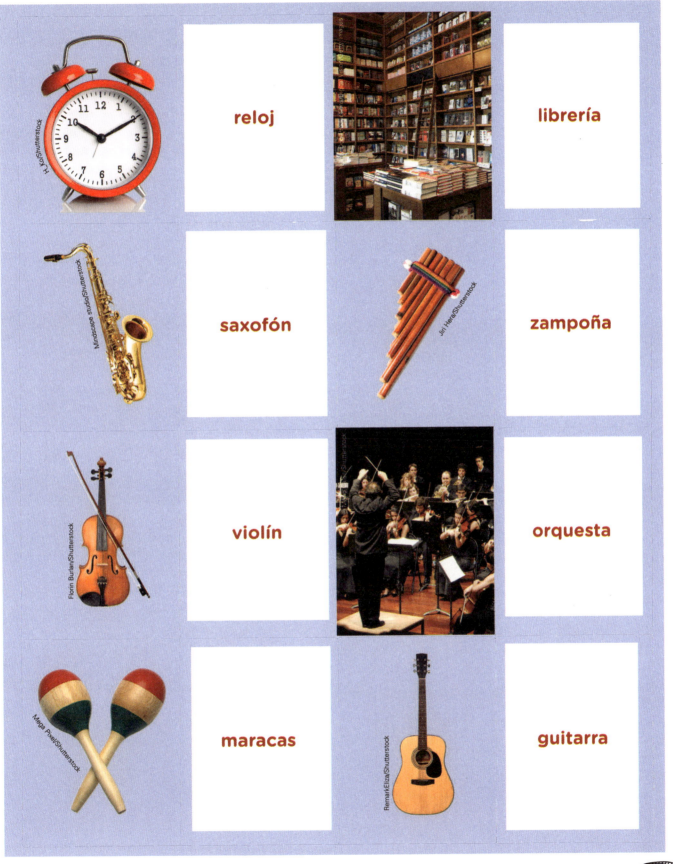

reloj

librería

saxofón

zampoña

violín

orquesta

maracas

guitarra

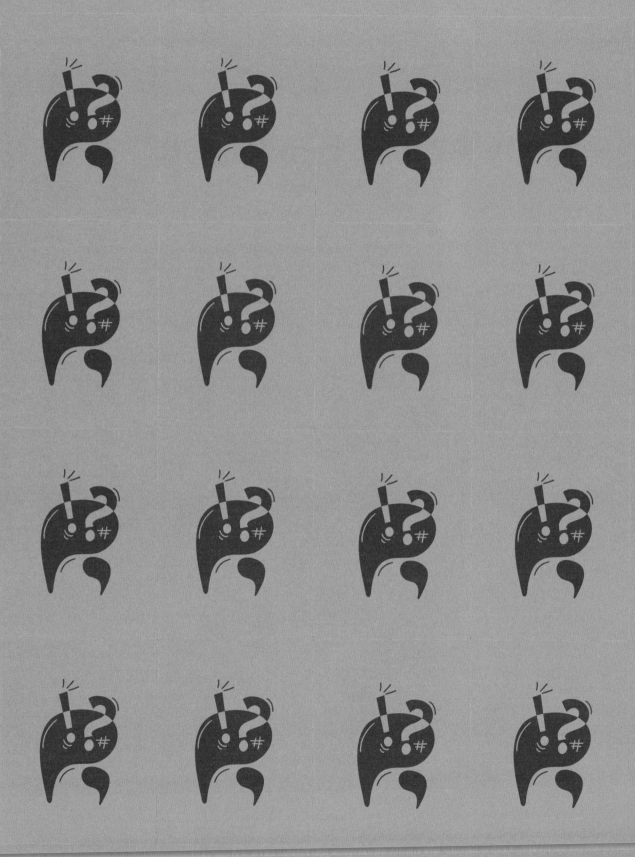

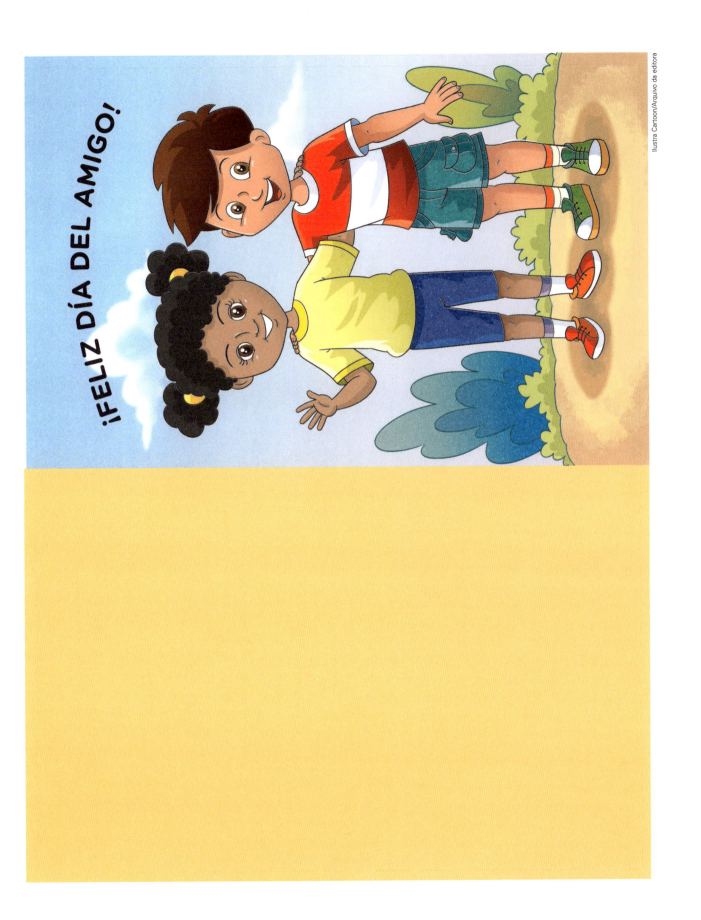

¡FELIZ DÍA DEL AMIGO!

De:

Para:

De:

Para:

MARACAS

Materiales

- 1 lata de refresco
- 1 palo de madera (20 cm)
- cinta adhesiva
- piedras pequeñas
- pintura blanca
- témperas de colores diversas
- pinceles

Roman Samokhin/Shutterstock

Regina Pryanichnikova/Shutterstock

koosen/Shutterstock

Dimitar Sotirov/Shutterstock

Salamahin/Shutterstock

Svitlana-ua/Shutterstock

1. Pinta la lata con pintura blanca y espera secar.

Ilustra Cartoon/Arquivo da editora

2. Ahora, adorna con dibujos de témpera colorida.

Ilustrações: Ilustra Cartoon/Arquivo da editora

3. Pide ayuda al profesor para hacer el agujero de la lata más grande de manera que el palo quede centrado. Después de ponerle algunas piedras, sujétalo con cinta adhesiva.

Trabaja tu cuento: los tres cerditos. Barcelona: Parramón Ediciones, 2007. p. 30-1. (Texto adaptado).

LECCIÓN 1 – EN EL PARQUE DE ATRACCIONES

- Página 130

LECCIÓN 2 – EN EL CENTRO COMERCIAL

- Página 132

LECCIÓN 4 – LAS ARTES

- Página 49

LECCIÓN 6 – ASÍ SOMOS

- Página 140

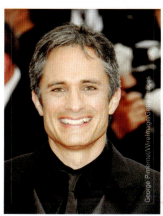

LECCIÓN 7 – FIESTA DE CUMPLEAÑOS

- Página 143